모순의 인간 히틀러를 보며

Adolf Hitler

모순의 인간 히틀러를 보며

Adolf Hitler

신정훈 지음

어 / 떻 / 게 / 살 / 것 / 인 / 가

2015년 독일은 미국을 제치고 국가 이미지 1위로 떠올랐다. 1945년 독일은 잿더미밖에 남아 있지 않았다. 불과 70년 만에 상전벽해와 같은 일이 일어났다. 이런 극적인 변화의 중심에 누가 있을까? 히틀러이다.

히틀러가 일으킨 제2차 세계대전으로, 독일은 폐허가 되었다. 모든 것이 '제로'였다. 그는 이 '제로'의 상태로 독일이 출발하도록 만들었다.

그러나 독일은 지금 세계 1등 국가가 되었다. 나는 이러한 독일의 저력을 알고 싶었다. 그것이 독일을 패망시키고, 부흥시키는 데 근본으로 자리 잡고 있던 히틀러에게 관심을 가진 계기가 되었다.

히틀러는 세계에서 유래를 찾을 수 없는 강제수용소를 만들었다. 아우슈비츠 수용소가 그것이다. 수용소의 현실은 열악했다. 그곳은 인간이 가질 수 있는 최대한의 야만성이 숨 쉬고 있었다. 어떤 사람들은 이를 견디지 못하고 사라져갔다. 또 다른 사람들은 정신적으로 견디며 육체적으로 파괴되지 않는 사람도 있었다. 아우슈비츠 수용소에서 살아남은 빅터 프랭클은 말했다. "살아야 할 이유를 아는 사람은 어떤 상태에서도 견딜 수 있다." 그는 수용소의 환경에 굴복하지 않았다. 그는 스스로를 다룰 수 있는 능력을 가졌고, 이것이 그를 생존하도록 했던 것이다.

강제수용소는 우리 인간의 민낯을 그대로 볼 수 있는 곳이다. 여기에서 우리는 온갖 인간 군상들을 만난다. 수용소의 적나라한 삶 속에서 인간의 교만, 잔인함, 나약함, 꿋꿋함이 마치 파노라마처럼 펼쳐진다. 우리는 이런 인간들의 온갖 반응과 감정들을 바라보며, 앞으로의 우리 사회가 어떤 방향으로 나아가야 할지를 점검해볼 수 있을 것이다. 왜냐하면 사회를 이루는 기본 요소는 바로 인간이기 때문이다.

　이와 관련하여, 나치 치하의 강제수용소에서 행해진 사람들의 처신이 주목된다. 미국 스탠퍼드 대학교의 짐바르도 교수는 나치 치하 강제수용소의 현실과 미국 스탠퍼드 대학교의 모의교도소 실험이 같다는 점에 주목해서 보았다. 그것은 '개인이 집단 안에서 힘을 얻게 되면 야생동물처럼 된다.'는 것이다. 이런 결과를 그대로 인정한다면 우리들의 정치와 사회는 희망과 비전이 없어지게 된다. 왜냐하면 개인이 모여서 집단을 이루기 때문에, 야생동물과 같은 인간이 득실대는 집단이 가진 미래는 불을 보듯 확연하기 때문이다.

　그렇다면 우리들은 개인이 가진 특성에 대해 어떻게 대처해야 할 것인가? 우리들은 앞으로의 우리 사회를 보다 더 바람직한 방향으로 나아가게 할 방안을 적극적으로 검토할 필요가 있다.

히틀러가 우리에게 주는 의미는 무엇인가? 그는 독일에 극적인 변화를 남겨주었다. 그의 집권과정과 패망을 거울삼아, 독일인들은 오늘날의 독일을 만들었다. 이런 점에서 독일을 통해, 한국이 나아갈 방향을 점검하고 모색해보는 것은 의미가 있을 것이다.

한편 현재의 독일과 반대의 행보를 보이는 나라가 일본이다. 일본은 바로 이웃에 있는 나라로, 우리와 밀접한 관계에 있다. 근대에 들어와 일본은 한반도를 강점해, 자원과 인력을 수탈해갔다. 그럼에도 현재 일본은 각료와 정치인이 야스쿠니 신사에 대해 참배하고 있다. 야스쿠니 신사는 일본의 외국에 대한 침략에 앞장섰던 전범들의 위패가 합사되어 있다. 즉, 일본은 패전 이전을 정당화하려 하는 것이며, 그들이 오히려 피해자라고 여기고 있는 것이다. 그 예로, 일본에서는 가혹한 일본의 침략으로 인해 원자폭탄의 투하가 이루어졌다는 인과관계에 대한 교육을 하지 않고 있다. 이와 관련하여, 이 책은 일본의 문제점도 역사적인 면에서 함께 살펴보고자 한다.

이 글의 내용은 앞선 시기의 경험과 고백, 저술에 힘입었다. 나는 이 책을 집필하며 '독자에게 도움을 줄 수 있는가?'라는 질문을 항상 해보았다. 아무쪼록 이 책이 독자 여러분의 지식과 교양의 충전에 도움이 되기를 바란다.

차례

1장

히틀러의 개성
: 히틀러와 처칠의 비교

1945년 2월, 미국의 전폭기가 베를린시를 공습하기 위해 날아올랐다.

'위이잉', '위이잉.'

사이렌에서는 미국 전폭기의 공습을 알리는 소리가 시내를 가로질렀다. 사람들은 재빨리 지하에 마련된 방공호로 내려갔다. 이미 미군의 공습이 있을 때마다 수많은 집과 건물이 파괴되고 사람들이 죽어나갔으므로, 그들은 필사적으로 방공호로 달려갔다.

그곳에는 위험을 피하려는 남녀노소의 사람들로 가득 차 있었다. 미군의 공습은 언제 끝날 줄 몰랐다. 바깥에서는 '쾅' 하는 폭발음이 산발적으로 들렸다. 사람들은 밖으로 나갈 엄두가 나지 않았을 뿐 아니라, 밀리는 사람들 속에서 밖으로 나갈 수도 없었다. 고요함 속에서 여기저기서 분뇨 냄새가 나기 시작했다. 대소변을 참지 못한 베를린 사람들이 선 채로 용변을 보고 있었다. 그런데도 그들은 여전히 그대로 있었다.

히틀러가 말한 위대한 게르만족이 폐허가 되어 가는 베를린의 지하대피소에서 오물에 둘러싸여 벌벌 떨고 있었다. 도대체 그들은 왜 이런 지경에까지 왔을까? 이런 상황이 도대체 왜 일어난 것일까? 그 장면의 중심에 바로 아돌프 히틀러Adolf Hitler가 있었다. 시간을 68년 뒤인 2013년으로 옮겨보자.

◇◇◇

2013년 9월 4일 독일의 대통령 요아힘 가우크Joachim Gauck는 폐허가 된 오라두르쉬르글란이라는 프랑스의 마을을 방문했다. 부서진 벽돌집과 바퀴 없이 주저앉은 자동차로 폐허가 된 마을을 돌아보며, 그는 말했다.

> "나는 제2차 세계대전 중에 태어났다. 나는 히틀러가 저지른 나치의 죄에 대해 이야기하기 위해 이 마을에 왔다. 희생자들과 그 가족들에게 '우리 독일인이 무슨 일을 저질렀는지 잘 알고 있다.'고 말해주고 싶다."

나치는 미국의 노르망디 상륙작전 나흘 뒤인 1944년 6월 10일 점령지였던 이 마을 주민 642명을 살육했다. 지금도 프랑스는 나치를 잊지 않기 위해 폐허가 된 이 마을을 그대로 놔두고 그때의 처참했던 상황을 잊지 않으려 하고 있다.

그렇다면 도대체 이 나치를 결성하고 움직인 인물은 누구인가? 히틀러이다. 그는 왜 이렇게 지금까지도 잊혀서는 안 되는 인물이 되었던 것일까? 히틀러는 그렇게 극악한 인물이었을까?

2013년 9월 9일, 신문에 조그만 기사가 났다. 다음은 기사를 인용한 것이다.

히틀러의 마지막을 지켜본 경호원 로쿠그 미슈가 독일 베를린 자택에서 96세로 사망했다고 주간 슈피겔이 보도했다. 1937년 20세에 나치 친위대ss에 들어갔으며, 1940년부터 5년간 히틀러를 보좌했다. 나치 수뇌부들도 경호원이자 전화교환원이었던 미슈를 통해야만 히틀러와 통화할 수 있을 만큼 최측근이었다.

미슈는 전후에도 히틀러를 '보스'라 부르고 "역사는 역사일 뿐"이라며 과거사에 대한 판단을 거부해 독일에서 논란을 빚어왔다. 2007년 슈피겔과의 인터뷰에서 "그히틀러는 짐승도, 괴물도, 초인超人도 아니었다."며 "평범한 신사처럼 다정하게 말하던 사람"이라고 회고하기도 했다.

위의 기사를 보면 히틀러의 경호원 로쿠그 미슈는 히틀러를 다정한 사람으로 보았다. 다시 히틀러의 비서를 했던 트라우들 융에의 이야기를 들어보자.

히틀러에게서 이성적인 매력을 느끼지는 못했지만 그가 나를 좋아해주기를 바랐다. 그는 내게 아버지 같은 친구였고, 내가 안전하게 보호받고 있음을, 그리고 편안함을 느낄 수 있도록 해준 사람이었다. 그때를 생각하면 늘 마음이 훈훈해진다. 어딘가에 속해 있다는 당시의 그 느낌은 두 번 다시 경험하지 못했다.

히틀러를 가까운 거리에서 지켜보았던 융에는 그의 인간적인 면에 빠져들었다.

이렇게 미슈와 융에가 히틀러를 인간적으로 좋아한 데에는 이유가 있었다. 그는 이들의 시중을 받을 때, 고맙다는 말을 건네며 함께 차를 마시기도 했다. 독일 최고의 절대자인 그가 보여준 조그마한 친절이 그들을 감동시켰던 것이다. 그는 자신의 주위에서 시중을 들거나 도움을 주는 사람들의 생일에는 선물을 보냈다. 이때 선물을 무엇으로 할 것인지에 대해서도, 신경을 썼다. 자연히 그는 측근들의 마음을 얻었다.

히틀러의 이런 면은 어머니와의 관계에서 잘 드러난다. 히틀러는 어머니를 사랑했다. 그는 어머니 사진을 거처하는 모든 곳에 걸어놓았다. 히틀러가 어머니의 날을 기념해서 지은 감상적인 시가 뮌헨의 신문에 발표된 적도 있었다.

도대체 히틀러는 어떤 인물이었을까? 히틀러와 라이벌이었던 사람이 있다. 영국의 수상 윈스턴 처칠Winston Leonard Spencer Churchill이다. 처칠과의 비교를 통해 히틀러의 개성을 살펴보면 어떨까?

히틀러는 자신을 포장하기 위해, 무척 애를 쓴 사람이었다. 그는 독일인들에게 연설할 때에, 자신이 보통 사람이라는 것을 보여주려고 했다. 마음대로 행동하는 것처럼 보이는 것은 피했다. 그가 먹는 것도 이런 사고방식과 연관되어 있었다.

히틀러는 철갑상어 알을 좋아했다. 그렇지만 그것이 비싸다는 것을 안 이후, 생선 알을 먹었다. 그는 주위의 평판을 크게 의식했다. 이와 관련된 일화가 있다.

어느 날인가, 헬리고란트라는 곳에 사는 어부들이 히틀러에게 바닷가재를 선물했다. 히틀러는 바닷가재를 가엾게 바라보며 입을 열었다. "이렇게 이상하게 생긴 데다 값도 비싼 동물을 먹는 것은 죄악이오. 그리고 고급음식을 먹는 것처럼 보이는 것도 싫소."라며 그 선물을 거절했다. 이후 1936년 1월 히틀러는 게와 가재를 위한 법령을 공포하였다. "게와 가재, 기타 갑각류는 끓는 물에 넣어 재빨리 죽여야 한다. 그리고 반드시 한 마리씩 죽여야 한다."라는 법이다. 히틀러의 명령 아래 나치 지도부는 갑각류를 죽이는 가장 자비로운 방법이라며 이 법안을 발표했다.

히틀러는 철저한 채식주의자였다. 그 이유는 동물들을 불쌍하게 보았기 때문이었다. 그가 정권을 잡고 나서 처음 한 일은 '동물 보호법'에 서명한 것이었다. 그는 동료가 소고기를 먹자 "저 가여운 동물이 자네의 한 끼 식사를 위해 죽임을 당해야 하는가?"라고 하였다. 히틀러는 우리 문명의 쇠퇴가 대부분 육식 때문이라고 하였다. 수많은 사람을 학살한 그가 식사의 재료가 된 동물에 대해 연민을 느끼고 있었던 것이다.

이런 히틀러가 가장 싫어한 인물은 누구였을까? 그는 바로 영국의 수상 처칠이었다. 히틀러의 비난은 처칠의 비대한 몸과 배에 집중되어 있었다.

> "처칠, 그 뚱뚱하고 배 나온 작자 봐. 그런 놈은 자기 관리가 전혀 되어 있지 않아. 먹는 것을 봐. 돼지보다 더하지."

실제로 히틀러가 비난한 처칠은 비만이었다. 배가 많이 나왔고 얼굴은 두툼했다. 처칠은 대단한 식욕을 자랑했다. 처칠의 건강을 염려한 사람들은 살을 빼라고 충고했다. 그러나 처칠은 다이어트를 하지 않았으며, 값비싼 음식을 많이 먹는 것이 건강에 좋다고 믿었다. 그는 아침 식사로, 멜론·달걀·베이컨을 먹었다. 여기에다 쇠고기 스테이크와 빵을 먹고 후식으로는 큰 사이즈의 컵에 든 크림 커피를 마셨다. 아침 식사뿐만 아니라 점심과 저녁 식사도 푸짐했다. 처칠은 남의 평판을 중요하게 생각하지 않았다. 자연히 그는 외모에 대해 누가 뭐라고 말하든 신경 쓰지 않았다.

히틀러에게 처칠의 음주도 좋은 공격거리였다.

"처칠은 알코올이 없으면 하루도 살 수 없을 거야. 그는 술에 하루 종일 취해 있어. 그런 자가 이끄는 영국을 우리 나치 독일은 패망시키고 말 거야."

히틀러는 술을 거의 마시지 않았다. 가끔 파티에서 약한 도수의 흑맥주를 마셨다. 그러나 처칠은 술을 많이 마셨다. 그는 평소 점심과 저녁을 먹을 때에는 반주로 샴페인을 마셨고, 밤에는 브랜디를 마셨다. 한때 한 끼 식사에서, 소다수를 넣은 위스키 11병을 마신 적도 있었다.

이렇게 술을 많이 마신 처칠에게 흥미로운 제의가 들어왔다. 1936년에 친구인 신문왕 로더미어 경1st Viscount Rothermere이 처칠에게 1년 동안 술을 끊으면, 2천 파운드를 주겠다고 제의했던 것이다. 이 돈은 오늘날의 가치로 환산하면, 2억 원 정도가 된다. 그러나 처칠은 "술이 없는 인생은 살 가치가 없을 것"이라면서 거절했다. 처칠은 평소에 유머 감각이 있기로 유명했다. 술을 마실 때 말하는 유머는 다른 사람들을 즐겁게 해주었다.

그는 술을 마시는 데 나름대로 자제력을 가지고 있었다. 모든 술에는 소다나 얼음을 넣어 그 도수를 조절했다. 이언 제이컵lan Jacob 경은 "내가 알기로 그는 아무리 많이 마셔도 끄떡없었다. 아침에 일어난 뒤에도 술 때문에 고통을 받은 적은 없었다."라고 말했다.

히틀러는 술을 마시지 않았을 뿐더러 담배도 피우지 않았다. 그는 주위에서 담배를 피우지 못하도록 했다. 자연히 히틀러는 담배를 피우는 처칠을 평가절하 했다. 처칠은 하루에 20개비 이상의 담배를 피웠다. 그는 비교적 값이 싼 영국산 담배가 아니라, 쿠바에서 수입한 비싼 담배인 시가를 피웠다. 처칠은 자신의 음주와 흡연을 스스로 유머로 만들어 이야기하기도 했다.

"내 인생의 규칙은 식전과 식후에, 또 식사 중간에, 담배와 술을 신성한 의식으로 삼는 것이오."

술과 담배에 대한 두 사람의 대조적인 행동은 안경에도 드러났다. 히틀러는 40대 중반이 되자 시력이 나빠져 안경을 썼다. 히틀러가 안경을 쓴다는 것은 국가의 기밀이었다. 그는 국민들에게 안경 쓴 모습을 보이기 싫어했다. 안경을 쓴 히틀러의 사진은 검열에 걸려, 신문에 실릴 수 없었다. 영국의 처칠은 가끔씩 안경을 썼다. 그가 안경을 낀 사진은 신문에 발표될 수 있었다.

그렇다면 히틀러와 처칠의 대조적인 성격에도 불구하고 공통점이 있었을까? 두 사람은 그림에 재능이 있었다. 히틀러가 청소년 시절에 소질을 보인 것은 그림이었다. 그의 어릴 적 꿈은 화가였다. 히틀러는 오스트리아의 수도인 빈의 미술학교에서 그림을 공부하려고 했다. 열일곱 살 때인 1906년, 그는 빈 미술학교 입학시험에 응시했다. 그의 스케치는 불합격 판정을 받았다. 항의하는 히틀러에게 학장은 "자네는 그림에 소질이 없네. 건축에는 소질이 있는 것 같으니 그쪽으로 가지."라고 말했다.

1914년에 뮌헨의 오래된 건물 안마당을 묘사한 수채화는 그의 그림 실력이 상당했음을 보여준다. 그러나 그는 새로이 대두하는 현대미술에는 적대적인 태도를 보였다. 현대미술은 퇴폐적이라며, 1938년에 현대미술의 전시를 금지하는 법률을 통과시켰다.

히틀러에 비해, 처칠은 1915년 해군부 장관을 사임한 이후에 취미로 그림을 그리기 시작했다. 그는 그림을 그린 지 얼마 안 되어 풍경화와 인물화에 능숙한 유화 화가가 되었다. 한 친구는 처칠이 한마디도 하지 않고 몰두하는 일은 그림뿐이라고 하였다. 처칠이 그린 '눈 덮인 차트웰'이라는 작품은 자신이 아끼는 집을 그린 풍경화이다.

두 사람은 낮잠을 잔다는 점에서도 공통점이 있었다. 낮잠은 우리 몸과 마음에 어떻게 작용할까? 최재천 교수는 다음과 같이 말한다.

"최근 미국심장병학회에 따르면 달콤한 낮잠은 거의 혈압 약 수준의 효과가 있단다. …… 낮잠의 혈압 강하 효과를 실제로 측정해보니 평균 5mmHg나 되는 걸로 나타났다. …… '마음을 정화하고 창의적으로 만들어준다.'고 했 던 아인슈타인의 말대로 낮잠은 심혈관 질환에만 좋은 게 아니라 두뇌 건강 에도 좋다. 어차피 하루가 다르게 아열대화 하는 마당에 우리도 낮잠을 권장하는 문화를 정착시키면 어떨까?"

히틀러는 낮잠을 즐겼다. 애인인 애바 브라운이 찍은 히틀러가 낮 잠 자는 사진은 정신없이 자는 그의 모습을 보여준다.

처칠 역시 점심을 먹고 항상 1시간 정도 낮잠을 잤다. 처칠은 낮잠 예찬론자였다. 그는 이렇게 말했다.

"점심시간과 저녁시간 사이에 한 번은 낮잠을 자야 한다. 어중간하게 자는 시늉을 해서는 안 된다. 아예 옷을 벗고 침대로 들어가야 한다. 나는 늘 그렇게 한다. 낮에 잠을 잔다고 해서 절대로 일을 덜 한다고 생각해서는 안 된다. 상상력이라고는 없는 사람들이나 그런 바보 같은 생각을 한다. 낮잠을 자면 당신은 더 많은 성취를 이룰 수 있다."

이렇게 히틀러와 처칠은 낮잠을 즐겼다. 그러나 두 사람의 낮잠에 대해, 모시는 사람들의 태도는 달랐다. 처칠이 낮잠을 자다가 중요한 보고가 있을 때, 비서가 그를 깨울 수 있었다. 반면 히틀러가 낮잠을 잘 때, 비서들은 그를 깨울 수 없었다. 제2차 세계대전에서 결정적인 사건이었던 노르망디 상륙작전을 초반에 제압할 수 있었던 호기가 있었다. 그렇지만 히틀러는 낮잠 때문에 하지 못했다. 비서들이 히틀러를 깨울 엄두를 내지 못했던 것이다.

　이와 같이 히틀러와 처칠에게는 중요한 차이가 있었다. 이러한 차이는 이웃 나라에 대한 태도에도 나타났다. 히틀러가 러시아를 공격할 무렵의 일이다. 그는 커피를 마시며 비서들에게 다음과 같이 이야기했다.

> "그래, 러시아에 도시가 존재했는지조차 상상할 수 없을 정도로 지구상에서 완전히 쓸어 없애버리는 거야. 레닌그라드를 폭격해서 그곳을 호수로 만드는 거지. 그러려면 댐과 운하들을 가차 없이 파괴해야겠지. 그래서 그 도시가 범람하면 우리 독일 관광객들이 거기에서 보트를 타며 즐길 수 있을 거야. 러시아, 폴란드 그리고 그 동부 지역의 광대한 땅은 독일의 식민지가 될 테지. 주민들 중에서 지식깨나 가지고 있는 녀석들은 모조리 죽여버리고 나머지는 노예로 부려먹는 거야. 그들에게는 읽는 법도 가르쳐서는 안 되겠지."

　그는 남의 피눈물 위에 집을 지으려 했다. 하지만 처칠은 달랐다. 1941년 처칠은 미국의 프랭클린 루스벨트Franklin Roosevelt와 함께 '대서양헌장'을 발표했다. 이 헌장은 영국과 미국이 독일과의 전쟁에서 승리하더라도 다른 나라의 영토를 점령하지 않겠다고 했다. 그리고 모든 나라의 국민들은 자유선거를 통해 각자가 원하는 정부를 수립할 권리가 있다는 점을 분명히 했다.
　'대서양헌장'이 발표되기 전까지 세계는 약육강식의 시대였다. 전쟁에서 승리한 나라가 패전국으로부터 막대한 배상금을 받고 그 영토를 빼앗았다. 그것이 당시의 국제법에서는 당연했다. 그러나 처칠은 그런 국제법을 거부했다. 그는 영국과 미국이 독일과 전쟁을 하는 목적이 영토의 확대가 아니라, 인류의 공존이라는 점을 발표했다. 실제로 제2차 세계대전이 끝나자 영국과 미국은 독일에 가혹한 배상금을 요구하지도 않았고, 독일의 영토를 빼앗지도 않았다. 이것이 히틀러와 처칠의 완전한 차이점이었다. 히틀러에게 있어 러시아인은 절멸되어야 하는 존재였다. 이에 비해, 처칠은 다른 나라의 국민들도 배려했던 것이다.

이와 함께 히틀러와 처칠의 차이점으로 들어야 할 것이 있다. 그것은 국제정세에 대한 이해였다. 히틀러는 당시 세계의 강대국으로 떠오르고 있던 미국의 국력을 정확히 읽지 못했다. 그는 "미국이란 나라는 다민족공동체 국가로 더럽혀지고 부패한 나라이며, 항상 혁명의 위협 속에 있다."라고 하였다. '세계의 공장'이었던 미국의 힘을 과소평가했던 것이다.

그는 미국을 한 번도 방문하지 않았다. 미국에 대한 그의 인식은 개척시대의 미국 서부에 관한 이야기와 동화가 전부였다. 이에 관한 흥미로운 일화가 있다.

에곤 한프슈탱글은 히틀러의 해외 언론 담당 비서의 열두 살 된 아들이었다. 소년은 우연히 히틀러의 침실 책장에 꽂힌 책들을 보고 깜짝 놀라고 말았다. 소년이 놀란 이유는 히틀러의 침실에 있던 책장이 미국 서부 개척시대의 이야기들로 채워져 있었다는 사실이다. 그 이외에 『톰 아저씨의 오두막』, 『모히칸족의 최후』와 같은 초등학생들이 보는 동화들이 그의 서재에 꽂혀 있었다. 그는 이 당시 세계의 강대국으로 부상하고 있던 미국의 국력에 관한 책과 국제정세에 관한 책들을 읽지 않았다.

처칠은 달랐다. 그는 미국의 힘을 정확하게 파악하고 있었다. 처칠의 어머니는 미국인이었다. 그는 자연스럽게 어머니의 고향인 미국에서 체류하며, 그 국력을 알았다.

제2차 세계대전이 일어날 무렵에, 처칠은 영국의 힘만으로는 독일을 이길 수 없으리라고 생각했다. 그는 미국이 영국을 도와 참전할 것을 간절히 바랐다. 그래서 그는 미국 루스벨트 대통령과의 관계에 특별히 힘을 쏟았다. 처칠은 영국이 독일과 전쟁을 하는 동안에, 루스벨트에게 950통의 문서를 보냈다. 이에 대한 루스벨트의 답장은 800통이었다.

'보채는 아이에게 엿 하나 더 준다.'는 우리 속담이 있다. 처칠이 950통의 편지를 보낼 때, 루스벨트의 답장이 800통이었다는 것은 무엇을 말하는가? 이 점은 루스벨트가 때로는 처칠의 편지에 대해 답장을 하지 않았다는 것을 말한다. 이것은 무례로 보일 수도 있었다. 그럼에도 처칠은 루스벨트를 영국의 편으로 끌어들이기 위해 최선의 노력을 기울였다.

그렇다면 처칠은 무엇 때문에 미국의 개입을 간절히 바랐던 것일까? 그것은 바로 영국 국력의 쇠퇴와 관련이 있었다. 19세기 빅토리아 여왕이 재위하던 시기는 영국의 세기였다. 이때, 영국은 전 세계에 식민지를 가지고 있던 '해가 지지 않는 제국'이었다. 앤드류 포터 런던대학교 교수는 영국이 이렇게 발전한 요인은 석탄과 증기기관을 바탕으로 생산성을 대폭 증가했기 때문이라고 보았다. 그는 영국에서의 탐구와 연구로 수많은 과학적 발명이 나왔고, 이를 통해 해외에서의 군사력도 큰 힘을 발휘했다고 하였다.

실제로 18세기에 영국에서 발명된 증기기관은 엄청난 힘을 발휘했다. 이것은 인간의 힘보다 큰 200배의 동력을 끊임없이 생산했던 것이다. 영국인들은 이 증기기관에 관한 기술을 외부에 유출시키는 것을 금지시켰다.

그들은 이 발명품을 배에 장착시켰다. 이제는 바람의 힘이나 인간의 힘으로 배를 움직이지 않아도 되었다. 그들은 증기기관을 단 배로 오대양 육대주로 진출하기 시작했다. 19세기에 영국은 인도·캐나다·호주 등 전 세계에 식민지를 갖고 4분의 1을 지배했다.

이때, 영국인과 식민지의 사람들이 입을 옷이 과거와는 다른 방식으로 만들어졌다. 방적공장의 직조기계는 증기기관을 장착해 쉴 새 없이 옷을 만들어냈던 것이다. 이와 함께 1820년대에 발명된 탈곡기·파종기 등은 농업생산력을 증대시켰다. 이러한 농업생산의 증가는 영양 상태를 개선시켰다. 그러자 사람들의 병의 침입에 저항하는 면역력이 커졌다. 토마스 매큐언Thomas Mckeowo은 이를 바탕으로, 19세기를 전후한 시점에 영국의 인구가 증가하였음을 실증적으로 밝히고 있다. 영국인들의 삶에 커다란 변화가 일어났던 것이다. 결국 과학기술이 영국 실력의 원천이요, 본질이었던 것이다. 대영제국은 실로 과학기술의 바탕 위에서 가능했다.

이러한 영국의 국력을 보여주는 상징적 사건이 1840년대에 일어난 아편전쟁이다. 2,000만 명도 안 되는 인구를 가진 영국이 약 4억 명의 인구를 가진 청나라를 이겼던 것이다. 이 아편전쟁에서 영국은 자유자재로 움직이는 함선과 신식 대포로 청나라의 자연의 힘을 이용하는 배와 구식 대포를 압도했다. 이 사건은 18세기 영국의 산업혁명에서 비롯된 기술혁신이 얼마나 놀라운 결과를 이루는지를 잘 보여주었다.

그렇지만 영국이 가진 자원의 한계가 드러났다. 방대한 자원과 과학기술을 바탕으로, 미국과 러시아가 영국을 앞질러 가기 시작했던 것이다.

처칠이 미국의 도움을 간절히 구할 무렵, 미국에는 국제문제에 간섭하지 않는다는 고립주의적 정서가 자리 잡고 있었다. 그래서 미국을 영국의 편으로 끌어들이는 것은 여간 어려운 일이 아니었다. 처칠은 끈기 있게 루스벨트와 연락하며, 미국이 전쟁에 개입해야 될 필요성을 설득했다. 이러한 노력의 결과, 1941년 2월 8일에 미국이 영국에 무기를 대여해주는 '무기 대여법'이 미국 하원에서 통과되었다. 이 법을 통해 미국의 무기를 얻게 된 영국은 독일과의 전쟁에서 크게 도움을 받았다.

처칠은 미국의 참전을 이끌어내기 위해, 1941년 8월 '프린스 오브 웨일즈호'를 타고 대서양을 건너 루스벨트를 만나러 갔다. 처칠은 직접적인 대면을 통해, 루스벨트의 성향을 파악하고 미국의 분위기를 알려고 했다. 두 사람은 이 군함 위에서 전쟁에 대한 두 나라의 공동 목표를 제시한 대서양헌장을 채택했다.

그러나 처칠은 미국이 영국을 도와 전쟁에 참여하겠다는 약속을 받아내지 못했다. 미국은 1941년 12월 일본 해군에게 진주만 기습을 당하고 나서야, 참전을 결정하게 되었다. 이 소식을 들은 처칠은 오른손을 번쩍 들어 승리의 V 자를 그리며 기뻐했다. 그는 이렇게 외쳤다.

> "히틀러는 끝났다. 무솔리니도 끝났다. 일본은 으스러질 것이다. 이제 남은 일은 압도적인 힘으로 밀어붙이는 것뿐이다."

처칠은 '압도적인 힘으로 밀어붙이는 것뿐'이라고 했다. 여기에서 압도적인 힘은 미국의 힘이다. 그는 미국이 이 무렵에 세계적인 강대국임을 본능적으로 깨닫고 있었던 것이다.

◇◇◇

미국은 19세기 말부터 어느 나라보다 많은 공업제품을 생산하는 산업국가로 성장해가고 있었다. 산업국가로의 발전에 있어 철과 강철은 핵심적인 요소이다. 철과 강철은 공업용 기계·상업용 배·군사용 물품뿐만 아니라 철도와 기관차에 꼭 필요했다. 20세기 초에는 미국이 영국·독일보다 많은 양의 강철을 생산하고 있었다.

그렇다면 미국과 독일의 근본적인 차이는 무엇이었을까? 그것은 두 가지 면에서 확연히 드러난다. 첫 번째는 식량 생산과 관련해서이다. 식량 생산이 불안하게 되면 식량 가격이 오르게 된다. 이것은 물가 불안으로 이어져서 국민 생활에 큰 고통을 준다. 이렇게 되면 사회 불안과 혼란이 일어날 수밖에 없다. 자칫하면 식량 부족이 정부의 붕괴로 이어질 수도 있다.

식량 생산과 관련된 미국의 농업은 어떠하였을까? 미국은 1830년대에 이미 농업의 기계화가 시작되었다. 이때 사이러스 맥코믹Cyrus McCormick은 수확기를 개발했다. 1882년에는 미국 오하이오주의 한 회사가 최초의 자동추진 증기 트랙터를 개발했다. 이 트랙터는 쟁기와 써레(씨를 뿌리기 전에 땅을 잘게 가는 농기구), 파종기를 끌 때 두루 사용할 수 있었다.

1913년 무렵에 미국 농촌에는 증기 트랙터가 1만 대쯤 있었는데, 얼마 안 되어 가솔린으로 추진되는 트랙터가 나타났다. 대형 농기계들이 미국 미시시피강 서쪽의 농사 방법을 빠르게 변화시키면서 밀을 경작하는 면적이 두 배로 늘어났다. 이런 거대농장은 기계에 의존해 농사를 지었다.

미국의 디어사와 맥코믹사 같은 농기계제조회사는 혁신적인 대량 생산기술로 기계를 만들어 싼값에 공급했다. 농기계를 생산하면서 주식인 밀의 생산량이 크게 늘어나고 노동력은 크게 줄었다. 1800년에 1에이커(약 4,047km²)의 땅에 밀을 재배하려면 56인시人時(1인시는 1인당 1시간의 노동)가 필요했는데, 백 년 후인 1900년에는 15인시로 줄어들었다.

농업의 기계화로, 1870년부터 1900년 사이에 미국의 밀 생산량은 4배가 늘었고, 1890년대 중반에 값은 부셸당(밀 1부셸은 대략 27kg) 45센트로 떨어졌다. 이때부터 미국인들이 먹을 수 있는 충분한 식량이 생산되기 시작했던 것이다. 미국은 히틀러와 전쟁을 하는 동안에, 식량 부족으로 고통을 겪지 않았다.

이에 비해, 독일의 농업은 1930년대까지도 대부분 현대적인 기계 대신에 말馬을 써서 하는 영세한 규모였다. 그래서 독일 농민이 생산하는 식량만으로는 늘어나는 도시인구를 먹여 살리기 힘들어서 식량 수입이 꾸준히 증가했다. 비록 1933년부터 1939년까지 5만 대의 폭스슐레퍼(국민 트랙터)를 생산했지만, 독일 농업에 도움이 될 만한 수준이 되지는 못했다. 또한 1940년대부터 영국·미국과 전쟁이 격화되면서 독일은 심각한 식량 부족을 겪었다. 이것이 식량의 배급으로 이어졌으며, 그 배급마저도 제대로 되지 않았다. 전쟁이 장기화될수록 독일은 식량 부족으로 지쳐갈 수밖에 없었다.

이와 함께, 미국과 독일의 다른 점은 석유 보유였다. 인류가 석유를 사용했다는 것을 알 수 있는 기록은 구약성서에 나오고 있다. 노아의 방주 표면에 방수용으로 역청을 사용했다는 기록이 그것이다. 한편 고대 이집트 사람들은 석유를 상처에 바르거나 설사가 날 때 사용하기도 했다.

근대적인 의미에서 석유를 채굴하고 이용한 나라는 미국이었다. 석유는 1859년에 미국 펜실베이니아주의 타이터스빌 근처 강가를 따라 솟아났다. 존 데이비슨 록펠러John Davison Rockefeller와 같은 유명한 사업가도 이 '검은 황금'을 통해 큰 부를 쌓아갔다. 미국에서 풍부하게 생산되는 석유를 통해 록펠러는 등유로 정제하는 사업을 시작했다. 1863년에 록펠러가 처음 세운 정유공장은 하루에 원유 500배럴(약 8만 톤)을 처리했다.

사람들은 19세기 말부터 20세기 초에, 석유가 연료로서 석탄보다 우수하다는 점을 알게 되었다. 이때 항공기와 선박·자동차의 원료로서 석유가 사용되었다. 1903년 미국의 라이트형제가 비행기시험 운행에 석유를 사용하여 성공했다. 보일러용 연료로서도 석탄보다 석유가 우수하다는 점이 미국에서 보고된 때가 1904년이었다.

1910년대에 처음으로 세계적인 규모의 제1차 세계대전이 벌어졌다. 이 전쟁에서 석유는 군사적으로 엄청난 영향력을 발휘하기 시작했다. 비행기를 통한 공중전, 기동성 있는 탱크의 운용, 훨씬 빨라진 해전海戰의 시대에 새로운 연료인 석유를 안정적으로 보급하는 일이 중요해졌다. 이렇게 제1차 세계대전에서 석유의 위력이 절대적인 것은 정치가들의 언행을 통해서 알 수 있다. 프랑스의 조르주 클레망소 Georges Clemenceau 대통령은 미국의 우드로 윌슨Woodrow Wilson 대통령에게 이런 편지를 보냈다.

> "연합국(프랑스와 영국·미국)의 안전은 위험에 처해 있습니다. 연합국이 전쟁에 지고 싶지 않다면, 독일군의 대침공이 임박한 이 순간에 프랑스가 미래의 전투에서 피만큼이나 필수 불가결한 석유 부족 상태를 겪게 내버려 두어서는 안 됩니다."

미국의 록펠러 스탠더드 석유회사는 프랑스의 요청에 응해, 필요한 원유를 주었다. 이에 비해 독일은 국내에 석유가 나지 않았다. 영국에 의해, 러시아의 카스피해에 위치한 바쿠유전으로의 접근도 차단당했다. 또한 독일의 석유공급원이었던 루마니아의 원유공급이 충분하지 못했다. 이에 따라 보급품을 수송할 트럭에 급유할 석유를 확보할 수조차 없었다. 석유가 전쟁의 승부를 갈랐던 것이다.

당시 영국의 외무장관이었던 커즌George Nathaniel Curzon은 석유의 중요성을 다음과 같이 이야기했다.

> "연합국은 석유를 쏟아부어 승리의 길로 갔다. …… 전쟁이 시작되면서 석유와 그 제품들은 연합국 공군이 활동할 수 있고 전쟁에 승리를 거둘 수 있었던 주요 요인들 가운데 단연 첫 번째였다. 기름이 없다면 그들이 어떻게 함대를 움직이고 군대를 수송하거나 폭탄을 만들 수 있겠는가?"

제1차 세계대전에서 석유의 중요성은 프랑스 상원의원인 앙리 베랑제Henry Bóranger의 말로도 알 수 있다.

> "석유는 '승리의 피'이다."

석유는 제1차 세계대전 이후에도 당연히 중요한 핵심 물자였다. 이런 석유를 제2차 세계대전(1939~1945년) 이전까지 미국은 전 세계 1일 생산량 500만 배럴 중 330만 배럴을 생산했다. 전 세계 석유 생산량의 5분의 3 이상이 매일 미국에서 생산될 만큼, 미국은 석유 대국이었다.

이에 비해 독일의 상황은 전혀 달랐다. 히틀러 치하의 독일은 석유가 나지 않았다. 독일은 석탄으로 석유를 만드는 합성석유 산업을 적극 후원했다. 독일의 석탄 매장량은 풍부했기 때문이다. 그러나 합성석유를 생산하는 데는 천연석유를 수입하는 것보다 비용이 더 들었다.

1939년에 독일의 합성석유는 전체 석유 수요의 3분의 1을 차지했다. 나머지 3분의 2의 석유는 외국에서 수입한 것이었다. 독일은 합성석유 생산을 증대하기 위해 필사적인 노력을 기울였다. 1944년 1/4분기에는 합성석유가 전체 석유 수요의 57%를 차지했다. 우리가 잘 알고 있는 아우슈비츠 수용소는 바로 이 합성석유와 합성고무 생산 근거지 중의 하나였다. 수용소와 가까운 곳에는 석탄이 풍부했다. 나치 독일은 이곳에 석탄을 가져와, 유대인 노동력을 착취해 합성석유를 생산했던 것이다.

영국과 미국은 독일의 젖줄인 합성석유 공장을 집중적으로 폭격해 없애버린다는 새로운 전략을 마련했다. 이에 따라, 1944년 4월부터는 전투기의 호위 아래 폭격기로 합성석유 공장을 집중적으로 폭격했다. 그 효과는 엄청났다. 반년도 되지 않아 합성석유 생산량이 6%로 격감했다. 바로 이 합성석유 생산의 격감이 히틀러의 목을 비틀었던 것이다.

석유라는 면에서 이미 전쟁의 성패는 결정되었다. 시간이 갈수록 탱크와 전차, 비행기를 운용하는 기초 자원을 풍부하게 보유한 미국이 유리할 수밖에 없었다. 그래서 석유 정책 전문가들은 "현대사회에서 석유는 권력"이라고 규정했던 것이다.

이뿐만이 아니다. 미국은 제2차 세계대전에 참전한 이후부터 종전 때인 1945년까지 독일보다 항공기를 3배에서 6배가량 더 많이 생산했다. 1943년 한 해만 보더라도, 미국의 군수품 생산은 독일의 그것보다 3배 가까이 더 많았다.

군사력을 지탱하는 것이 경제력이다. 우리는 아프리카의 미개발국에서 경제력을 바탕으로 군사력이 강해졌다는 예들을 찾아볼 수 없다. 경제력이 강한 나라가 대개 군사력이 튼실하다는 것은 미국의 예로 알 수 있다. 특히 제2차 세계대전처럼 장기적이고 전면적인 경우에는 전쟁을 지속할 수 있는 힘이 더 강한 나라가 이길 수밖에 없다. 일본의 진주만 공습이 있은 지 나흘 뒤인 1941년 12월 11일에, 히틀러는 미국에 선전포고를 했다. 앞의 점들로 보아, 이때부터 독일의 패망은 명약관화했다.

처칠과 히틀러의 차이점은 국제정세에 대한 판단에서 결정적으로 갈렸던 것이다. 미국을 어떻게 보느냐가 처칠을 세기의 명재상으로 만들었고, 히틀러를 자살로 이끌었다. 히틀러는 이런 문제들을 등한시한 채, 미국과 전쟁을 벌였다. 이때 히틀러는 다음과 같이 외쳤다.

"나치의 열광이야말로 진실보다 더 중요하다."

그에게는 국제정세의 진실보다 그 자신의 열광이 더 중요했던 것이다. 그 결과는 절대적인 패전이었다. 도대체 독일인들은 무엇 때문에 이런 히틀러를 열광적으로 지지했을까?

2장

히틀러의 등장과 권력
: 광기에 사로잡힌 연약한 몽상가

히틀러는 독일인이 아니었다. 그는 독일과의 국경 부근에 있는 오스트리아의 작은 마을 브라우나우에서 태어났다. 히틀러의 아버지 알로이스 히틀러Alois Hitler는 세관 공무원이었으며, 은퇴한 뒤에는 농사를 지으며 살았다. 그는 결혼에 두 번 실패하고 나서 아돌프 히틀러의 어머니인 클라라 푈츨Klara Poelzl과 결혼했다. 알로이스 히틀러는 클라라보다 스물세 살이나 많았다. 그는 부인에게 난폭했다.

어릴 적에 히틀러는 거칠게 행동하는 아버지를 보며 자랐다. 알로이스 히틀러는 집에서 횡포가 심했던 인물이었다. 히틀러의 여동생 파울라Paula는 훗날 이렇게 회고했다.

"특히 아돌프 오빠가 어릴 때, 아버지한테 아주 거칠게 대들었다. 얼마나 심했는지 집 안에서 매 맞는 소리가 그치지 않았다."

그렇지만 히틀러의 어머니는 히틀러에 대해 따뜻하게 대했다. 히틀러는 두 형이 죽은 뒤 태어났고 히틀러의 남동생은 오래 살지 못했다. 어머니에게 히틀러는 그녀의 모든 것이었다. 어릴 때 그는 떼를 써서 어머니를 마음대로 움직이려 했다. 어머니는 그래도 그의 말을 들어주었다. 히틀러는 어머니와의 관계를 통해, 원하는 것이면 무엇이든 얻을 수 있다는 생각을 가지게 되었다.

히틀러의 어린 시절은 모범생과는 큰 거리가 있었다. 그는 잘하는 과목만 공부했다. 히틀러는 화가가 될 생각으로, 1906년에 오스트리아의 수도인 빈에 갔다. 그는 빈에 머물면서 5년 동안 궁핍한 생활을 했다. 이 무렵 빈의 상황이 어떠했는지를, 그 시대에 살았던 사람의 증언으로 들어보자. 칼 포퍼Karl Raimund Popper는 오스트리아 출신의 저명한 철학자이다. 그는 자서전에서 이렇게 이 시기를 표현했다.

> 아직 어린아이였음에도 불구하고, 당시 빈의 곳곳에서 볼 수 있던 끔찍한 빈곤의 모습을 대할 때면 내 마음은 크게 동요하곤 했다. 어찌나 심했는지 내 마음의 한구석에는 그때의 모습이 항상 자리 잡고 있는 것만 같다. 오늘날 서구 민주주의국가에 사는 사람들 중에서 금세기(필자 주: 20세기) 초에 있었던 빈곤이 과연 어느 정도였는지를 기억하는 사람은 그리 많지 않을 것이다. 그 당시에는 남자건 여자건 어린아이건 할 것 없이 모두 굶주림과 추위와 절망으로 고통을 받았다. 하지만 당시에 우리 같은 아이들로선 이들을 도와줄 방법이 없었다. 기껏해야 어른들에게 부탁해서 받은 동전 몇 푼을 가난한 사람들에게 나눠주는 것이 전부였다.

히틀러는 이 시기에 부랑자 수용소에서 생활했다. 그가 해어진 파란 체크무늬 양복을 입고 굶주림에 지쳐 있을 때, 라인홀트 하나쉬라는 인물을 만났다.

히틀러와 하나쉬는 베스트반호프 역에서 탑승객들의 가방을 날라주는 일을 했다. 그러나 히틀러는 일을 해야 할 때, 몸이 따르지 못했다. 그러자 그와 하나쉬는 힘든 육체노동을 하지 않으면서, 재능을 이용한 돈벌이를 생각해내었다. 그것은 그림이었다. 히틀러가 그림을 그리면, 하나쉬가 팔았다. 이 돈으로 겨우 살아갔다. 히틀러의 부랑자 수용소 동료였던 하나쉬는 다음과 같이 증언하고 있다.

> "그는 열심히 일하지도 않았고 아침에 잘 일어나지도 못했다. 그에게는 무언가 시작하는 것이 어려운 듯했으며, 의지가 마비된 것처럼 보였다."

히틀러가 빈둥거리고 있을 무렵, 유럽에서 제1차 세계대전이 일어났다. 히틀러는 1914년 8월, 독일군에 지원했다. 그는 자신이 태어난 오스트리아를 여러 민족으로 구성된 나라이기 때문에, 조국으로 생각하지 않았다. 게르만족을 최고의 민족으로 보았다. 당연히 그는 게르만족으로 이루어진 독일을 자신의 조국으로 결정했다.

그는 전쟁에서의 경험을 통해 규율·조직 생활·투쟁 정신 등 여러 가지를 배웠다. 군대에서는 상관에게 철저하게 복종했다. 히틀러는 본부의 지시를 총알을 피해 전선까지 연락하는 임무를 맡았다. 이 공으로, 1918년 8월 철십자 일등 무공훈장을 받았다.

히틀러가 조국으로 결정했던 독일은 제1차 세계대전에서 졌다. 이에 따라 1919년 6월 파리 교외에 있는 베르사유 궁전에서 영국·프랑스·독일·미국 등의 주요 정상들이 모여 베르사유조약을 체결했다. 이 조약에서 독일은 영국·프랑스·미국과 다음과 같은 강화조약을 맺어야 했다.

> 독일은 모든 식민지를 포기하고 본국 영토의 13%에 이르는 영토를 나누어 주어야 한다. 상선商船의 90%를 연합국에 넘겨주고, 이후 5년 동안 매년 20만 톤에 이르는 배를 무상으로 만들어주고, 배상금을 1천억 마르크나

갚아야 한다.

군대는 3개월 이내에 10만으로 감축시키고, 비행기·전차·기타 공격용 무기는 모두 금지된다. 참모본부는 해산하며, 육군대학은 폐쇄되고, 군수품 공장은 파괴되어야 한다. 또한 독일은 제1차 세계대전의 책임을 시인해야 하며, 빌헬름 2세를 비롯한 모든 전쟁 범죄자들을 재판에 회부하기 위해 연합국에 인도해야 한다.

이 조약에 따라 독일은 영국과 프랑스에 대해 엄청난 배상금을 지불해야 했다. 전쟁배상금을 합하면, 무려 1,320억 금화 마르크나 되었다. 이 돈은 독일의 2년 치 국민총생산이었다. 이것은 전쟁에 져 신음하던 독일이 감당할 수 없는 규모였다. 연합국의 이 같은 배상 요구에는 독일이 재무장하는 것을 허용하지 않겠다는 의도가 있었다.

◇◇◇

독일이 패전한 후, 왕정은 폐지됐다. 카이저 황제는 퇴위하고, 1919년 유명한 바이마르 공화국이 탄생했다. 비로소 독일에 공화적 민주주의 체제가 태어났다.

여기에서 주의해서 보아야 할 점이 있다. 그것은 독일인들이 자유 민주주의를 받아들일 준비가 되어 있지 않았다는 점이다. 독일인들은 '국민에 의한 국민을 위한 국민의 정치'라는 자유민주주의 가치에 익숙하지 못했다. 그보다는 독일이 최고의 국가이며, 독일 국민이 가장 우수한 민족이라는 국가 지상과 민족 지상의 구호가 그들에게 더 큰 영향을 끼치고 있었다. 더욱이 독일인들에게는 제1차 세계대전 패전 이후의 가혹한 경제적 상황이 버티고 있었다.

패전 직후에 들어선 바이마르 공화국은 연합국에 대해 배상금을 지불해야만 했다. 이를 위해 중앙은행이 발행하는 화폐의 양을 크게 늘리면서 독일 마르크화의 가치가 폭락했다. 제1차 세계대전 이전에는 1달러당 5마르크이던 환율이 패전 후에는 달러당 수백만, 수십억 마르크가 되었다. 특히 1923년 독일에서 발생한 인플레이션은 사람들을 얼어붙게 했다. 1923년 7월의 국내 물가는 1년 전에 비해 7,500배를 넘어섰다. 9월에는 24만 배, 다시 10월에는 75억 배로 뛰었다.

독일의 살인적인 물가로 이익을 본 사람들도 있었다. 영국인과 프랑스인이었다. 이들은 영국의 파운드화와 프랑스의 프랑화로, 빵 한 조각어치 금액으로 로코코 시대의 고급 가구를 사들였다. 한 병의 포도주로 값비싼 명화를 쉽게 손에 넣을 수도 있었다. 외국인이라면 학생이라도 서가에 가득 채울 책을 사들일 수 있었다.

영국인과 프랑스인의 행태는 독일인들에게 반감을 일으켰다. 뒤에 히틀러가 집권하고 이들 나라에 전쟁을 거는 데는 독일인들의 이런 반감이 토양으로 작용하고 있었다.

하루가 다르게 마르크화의 가치가 떨어지자 정부는 민간 인쇄소에 화폐를 인쇄할 수 있는 권한을 주어 화폐를 찍게 했다. 그러나 이러한 조치도 오래가지 못하였다. 화폐 인쇄를 위해 구입해야 하는 종이와 잉크 값이 마르크화의 가격보다 높아지게 되었던 것이다. 돈의 가치가 지나치게 떨어지자, 도둑이 길에서 남의 돈 가방을 낚아챈 후, 돈 대신 가방만 가져갈 정도였다. 인플레이션이 최고조에 다다랐을 때, 빵과 버터는 1kg당 각각 4,280억 마르크, 50억 마르크에 거래됐다.

제1차 세계대전이 일어나기 이전인 1913년만 해도 6만 마르크만 있으면, 독일 국민들은 정년 뒤의 안락한 노후를 기대할 수 있었다.

그러나 1923년에는 이 돈으로 빵 하나조차도 살 수 없었다. 가난해진 중산층과 근로자들은 당연히 정치적으로 극좌나 극우의 논리를 따르게 되었다.

이러한 인플레가 바로 히틀러의 등장을 재촉했다. 제2차 세계대전에서 패전한 이후 독일의 경제 장관을 지내며, '라인강의 기적'을 이루는 데 공헌했던 루트비히 에르하르트Ludwig Wilhelm Erhard는 이렇게 말했다.

> 우리는 인플레가 어떻게 국가 질서에 대한 신뢰를 파괴하며, 조금의 양심의 가책도 느끼지 못하는 선동정치가와 정치 사기꾼들에게 힘을 실어주는지를 똑똑히 보았다. …… 인플레야말로 한 민족의 물질적, 정신적 위기 상태가 정치적 야바위꾼들에 의해 어떻게 악용될 수 있는지를 여실히 보여주었다.

빵 하나를 사기 위해 사람들은 돈을 유모차에 싣고 가야 했다. 이때 독일 국민은 먹고살기 위해 집 안에 남은 물건은 모두 들고 나와 식량과 바꾸어야만 했다. 의사는 치료비 대신 식량을 원했다. 대학생의 절반 이상은 수업료를 내기 위해 농장이나 공장에 나가 일했다. 실업률은 30%를 넘나들고 있었다. 고기와 우유 소비량이 80% 줄어 영양실조에 따른 사망자가 급증했다.

베르사유조약이 가져온 독일에 대한 가혹한 대우는 독일 국민들의 인심을 황폐화시키고, 이성을 잃어버리게 했다. 그것은 영국과 프랑스 등 외국에 대한 배타성을 배태하는 토양을 제공하고 있었다.

베르사유조약을 체결한 궁전

　이를 생생하게 보여주는 사건이 일어났다. 독일 출신의 노벨 문학상 수상자인 토마스 만Thomas Mann이 1922년 10월 15일 베를린의 베토벤 홀에서 「독일 공화국에 대하여」라는 제목으로 강연할 때였다. 토마스 만은 청중 앞에서 독일이 처한 현실과 자유민주주의에 대한 그의 소신을 다음과 같이 밝혔다.1)

　　독일인의 가장 아름다운 특성은 내면적 깊이와 고도로 세련된 음악성으로 인해 낭만파의 예술이 되었다. 독일이 자랑하는 바그너의 음악이 대표적이다. 그러나 그 낭만주의가 현실에 등을 돌리고 꿈속에서 동경을 추구하면 기괴한 비합리성으로 빠르게 나가게 된다. 이렇게 된다면, 독일의 낭만주의는 극단적인 선민사상에 도취되어 야만적인 범죄가 폭발할 것이다. 그 선민사상은 바로 독일이 최고의 국가이며 독일인이 최고의 국민이라는 것이다. 이렇게 되면 이웃한 국가와 민족을 짓밟게 된다. 이래서는 안 된다.
　　인간의 존엄성을 민주주의는 최고의 가치로 여긴다. 이 존엄성을 이해하고

――――――――――
1) 토마스 만의 연설은 토마스 만, 원당희 옮김, 2009, 『쇼펜하우어・니체・프로이트: 토마스 만, 현대지성을 논한다』, 세창미디어를 참고하였다.

경의를 표하는 것을 민주주의에서는 휴머니즘이라고 한다. 우리 독일인들은 독일인인 동시에 세계의 시민이다. 따라서 '민주주의적 인류 종교'라고 이름 붙일 수 있는 세계시민주의라는 방향으로 나아가야 한다.

이 강연을 하는 중간에 커다란 소동이 일어났다. 청중들은 구두를 바닥에 구르며 거친 야유를 토마스 만에게 퍼부었다. 만은 이를 누르고 끝까지 강연을 계속한 후 '독일 공화국 만세'라고 외친 후에 강단을 내려왔다.

강연을 들은 독일인들의 야유는 만에 대한 야유를 넘어서 자유민주주의에 대한 야유였다. 그들은 영국과 프랑스에서 발전된 자유민주주의를 받아들일 준비가 되어 있지 않았다. 히틀러가 등장할 토양은 이때 만들어지고 있었던 것이다.

이런 제1차 세계대전 이후의 혼란 속에서, 히틀러는 '독일노동자당 DAP'이라는 작은 우익 정당에 가입했다. 여기에서 그는 신입 당원 모집과 선전 활동을 맡았다. 이 정당은 열렬한 민족주의 이념을 내세우며, 독일의 문제를 유대인과 공산주의자 탓으로 돌렸다.

'독일노동자당'에서 히틀러는 처음에 전혀 알려져 있지 않았다. 오스트리아 출신으로, 독일의 정규적인 교육과 교양을 배우지 못한 그를 주목하는 사람은 아무도 없었다. 히틀러는 그를 알리기 위해 노력을 기울였다. 그것은 바로 대중연설이었다. 1919년 10월에, 그는 100명이 넘는 청중 앞에서 처음으로 대중연설을 했다. 이때 그는 자신에게 대중을 선동하는 재능이 있다는 것을 발견했다. 모임이 열릴 때마다 히틀러는 연설에 나섰다.

그의 말은 단호했고 공격적이었다. 그는 독일인들이 마음속으로는 가지고 있지만, 말로 표현하지 못하던 소망을 구체적으로 묘사하는 능력이 있었다. 그는 현실에 존재하는 위기의식을 고조시켰다. 히틀러는 연설을 시작하면, 보통 두 시간을 넘게 했다.

그는 베르사유조약에서 드러난 영국과 프랑스의 독일을 무너뜨리려는 의도를 비난했다. 전쟁으로 이익을 얻은 유대인을 협잡꾼으로 몰아붙였다. 그는 경제적 빈곤과 정치적 갈등으로 위기에 처한 바이마르 공화국의 자유민주주의를 공격했다.

그가 주로 사용한 단어는 분쇄, 추방, 공격이었다. 언어철학자 훔볼트Humboldt는 "우리는 언어가 우리에게 보여주는 대로 현실을 인식한다."라고 하였다. 독일인들은 분쇄와 추방, 공격과 관련시켜 그들의 현실을 인식했다. 이것이 독일 국민들에게는 비극이었다. 히틀러에게는 독일이 세계 속에서 공존하며, 번영해야 된다는 비전은 없었다.

히틀러가 알려질 무렵부터, 그는 자신을 늑대라고 불렀다. 가까운 친구들은 별명으로 그를 늑대라고 불렀으며, 히틀러는 그 별명을 좋아했다. 늑대는 공격성을 특징으로 가진다. 그는 늑대의 본성을 가지고 있었다. 이런 히틀러에 대해, 독일인들은 환호할 준비가 되어 있었다. 폴란드 총독을 지냈으며, 전후 교수형에 처해진 한스 프랑크Hans Frank는 1920년 열아홉 살에 히틀러의 연설을 처음 들었던 때를, 다음과 같이 말했다.

> 나는 한 방 얻어맞은 것처럼 충격을 받았다. 그때까지 집회에서 들어온 연설과는 너무 달랐다. 그의 연설은 아주 간단명료했다. 베르사유조약처럼 당시 사람들이 압도적으로 많은 관심을 기울였던 주제를 잡아서 온갖 질문을 던지는 것이었다. 이제 독일인은 어떻게 해야 하나? 현실의 참모습은 무엇인가? 유일한 활로는 무엇인가? 그는 사이사이에 우레와 같은 박수갈채를 받으면서 두 시간 반을 계속 연설했다. 더 길게 해도 얼마든지 들을 수 있을 것 같았다. 그의 말 하나하나가 가슴에서 나온 말로 우리의 마음을 울렸다. …… 히틀러는 그 자리에 모인 사람들이 누구나 가지고 있었던 생각을 드러냈다. …… 그는 독일이 직면한 공포와 고통, 절망을 남김없이

표현했다. 그뿐이 아니었다. 망가진 민족에게 유일하게 남은 활로가 무엇인지를 역사에서 찾아 보여주었다. 그것은 용기와 믿음·행동력·근면이며, 위대하고 찬란한 공동의 목표에 헌신하는 자세였다. 이를 통해서 가장 깊은 나락에서 벗어나고야 말겠다는 비장한 새 출발의 다짐이었다. …… 연설이 끝나자 박수가 그칠 줄 몰랐다. …….

프랑크의 말과 같이, 히틀러는 연설을 빼놓고는 말할 수 없다. 그가 비약적인 출세의 사다리로 올라간 데에, 연설의 힘이 가장 컸다. 히틀러의 연설은 크게 세 가지 특징을 가지고 있었다.

첫째, 그의 연설은 누구나 알아듣기 쉬웠다. 둘째, 연설은 히틀러와 청중의 공동의 경험, 고통, 희망으로 이루어졌다. 셋째, 그는 직설적인 표현을 썼다. 이제 히틀러의 육성을 들어보자. 다음은 1937년 10월 4일의 연설이다.[2]

국민 여러분! 동지 여러분! 농민 여러분!

추수감사절 행사는 독일 민족과 새 제국의 대규모 집회 가운데 가장 중요한 행사입니다. 이 행사에서 농민뿐만 아니라 시민들도 전체 민족 앞에 독일 민족의 독립과 민족의 삶을 가능하게 한 기본원칙을 우선적으로 고백해야 할 것입니다. …… 그러나 지금은 오로지 하나의 구호만이 있을 뿐입니다. '누구나 전체에게 필요하고 모두에게 유용한 것을 해야만 한다.'라는 표어 말입니다.

…… (독일의) 농부도 자신의 일을 다른 사람의 일과 교환할 수 있어야만 합니다. 왜냐하면 우리가 무엇을 생산할 때, 그것이 곡물이건 감자이건 간에, 또는 노동자가 석탄을 캐내거나 철을 캐거나 간에, 그것은 하늘의 별이 되어 사라지는 것이 아닙니다. 그것은 다시 우리 모두에 의해 소비되는

---

2) 연설문의 번역은 김종영, 2000, 「히틀러의 1937년 10월 4일 연설문 분석」, 『텍스트 언어학』 8을 참고하였다.

것이지 백만장자에 의해서 소비되는 것이 아닙니다. 백만장자들이 독일의 감자 수확물을 다 먹어치울 수는 없습니다. 그것은 우리 민족의 수백만 대중에게 분배됩니다. ……

우리는 오늘 눈부신 햇볕을 쬐고 있습니다. 우리 앞의 일 년은 억수 같은 비가 내렸습니다. 내년에는 날씨가 어떻게 될지 본인은 모르겠습니다. 그렇지만 우리는 날씨가 어떻게 되든 전혀 상관없이 한결같이 여기에 다시 서게 되리라는 사실을 본인은 알고 있습니다.

그러나 우리가 일 년 뒤에 다시 만나게 되면, 우리는 새로이 고백할 수 있을 것입니다. 한 해가 지나갔고 다시 모든 것이 잘되었다는 것을 말입니다. 모든 것이 더욱 확실하게 되었다는 것을.

우리가 독일에서 살 수 있도록 허락받은 것은 우리에게는 하나의 행운입니다. 우리 독일제국과 우리 독일 민족 만세!

이런 히틀러의 연설은 독일 국민들에게 큰 반향을 불러일으켰다. 그렇지만 그는 그를 반대하거나 비판할 가능성이 있는 집단 앞에서 연설하는 것은 두려워했다. 또한 그는 사람들과 정상적인 토론을 할 수 없었다. 단 한 사람과 대화할 때에도 모든 이야기를 그 혼자 했던 것이다.

히틀러를 이야기할 때 빼놓을 수 없는 것이 있다. 그것은 그가 다른 사람을 설득할 수 있는 독특한 목소리를 가졌다는 점이다. 이러한 히틀러의 목소리가 갖는 위력은 비단 그에게만 적용되는 것이 아니다. 정치인에게 있어 목소리의 위력은 대단하다고 알려져 있다.

정치인이 되려면, 그가 가진 경력과 공약 이외에 반드시 필요한 것이 있다. 그것은 좋은 목소리이다. 미 캘리포니아대의 심리학자 앨버트 메라비언Albert Mehrabian 교수의 연구에 따르면, 사람의 인상이나 호감 정도를 좌우하는 건 말의 내용이 아니라고 하였다. 말의 내용은 7%의 비중밖에 되지 못하며, 가장 큰 영향력은 38%의 비중을 가진 목소리라는 것이다.

히틀러의 목소리가 가진 매력은 연설할 때에 나타났다. 완전히 몰입한 상태로 자신을 잊어버린 채 연설하는 그의 허스키한 목소리는 독일 사람들을 열광시켰다.

2013년 7월에 미국의 허핑턴 포스트The Huffington Post라는 신문은 히틀러가 자신의 전속 사진가인 하인리히 호프만Heinrich Hoffmann에게 폐기 지시를 내린 미공개 사진을 공개했다. 이 사진들은 히틀러가 대중 연설을 앞두고 리허설을 하는 모습들이다. 호프만이 촬영한 이 사진들은 1925년의 것이다.

당시 히틀러는 호프만에게 이 사진 필름을 폐기하라고 지시했다. 그러나 그는 필름을 보관해왔으며, 1955년 '히틀러는 내 친구였다'라는 회고록에 실었다. 이 책은 출판금지가 되었고 2012년에야 출판할 수 있었다. 이에 따라 원본 사진을 볼 수 있게 되었다.

호프만은 회고록에서 "히틀러는 연습할 때 자신의 모습을 보고 싶어 했다. 그는 손짓 하나하나, 목소리의 톤 하나하나에까지 신경 썼다."고 하였다. 호프만의 회상에 따르면, 히틀러는 자주 자신이 연설하는 사진을 보면서 이렇게 말했다고 한다.

"안 돼, 너무 멍청해 보이는군. 다시는 저렇게 안 해야지."

그는 자신의 손짓이나 몸동작을 분석해 다음 연설에 반영했다. 역사학자인 로저 무어하우스Roger Moorhouse는 "마치 미치광이의 절규같이 들리는 그의 연설이 사실 고도의 설득력을 가졌다는 것은 틀림없는 사실"이라고 말했다.

히틀러는 리허설 사진 한 장 한 장을 보며 스스로 대중에게 비치는 자신의 모습을 수정해 연설에 반영했다. 연설에 대한 선천적인 재

질과 함께, 이런 노력이 그를 뛰어난 연설가로 이름을 떨치게 했던
것이다.

◇◇◇

히틀러의 인기에 힘입어 독일노동자당의 당원이 늘어났다. 1920년에
이 당은 '국가사회주의 독일노동자당NSDAP'이라고 명칭을 바꾸었다.
사람들은 당명의 앞부분, 즉 '국가사회주의'를 가리키는 National-sozialist
의 앞인 Na와 뒤의 zi를 따서 나치라고 불렀다.[3] 이 정당의 중심에
히틀러가 있었다. 1920년 1월 190명이었던 당원이 1921년 8월에는
3,300명으로 늘어났다.

나치의 힘은 커지기 시작했다. 이 무렵의 인플레이션으로 인한 독일
국민의 절망도 나치의 활동에 큰 도움이 되었다.

사상 초유의 인플레이션은 1923년에 렌텐마르크라는 임시화폐를
도입하면서 수습되기 시작했다. 그리고 연합국 측은 미국 주도로 배
상 요구를 완화했다. 이에 따라 독일의 인플레이션은 진정되었다. 그
렇지만 패전 후의 몇 해 동안 계속된 인플레이션은 독일 국민의 자
존심과 생활에 깊은 상처를 남기고 있었다. 이 때문에 독일 곳곳에서
연설을 통해 독일의 재기를 부르짖는 국가주의자들의 선동에 대중이
귀를 기울이는 분위기가 조성됐다.

그 결과 1924년 바이마르 공화국 의회선거 때는 자유민주주의를
주장하는 세력이 약해지고 공산주의 정당과 국가주의 정당이 지지를

---

[3] 나치Nazi: 히틀러를 당수로 한 독일의 파시스트당. 1919년에 결성되어 반민주·반공
산·반유대주의를 내세운 독일 민족 지상주의와 강력한 국가주의를 바탕으로 1933
년에 정권을 잡고 독재체제를 확립하였다. 1939년 제2차 세계대전을 일으켰으나
1945년에 패전과 함께 몰락하였다(출전: 네이버 국어사전).

얻기 시작했다. 그중의 하나가 히틀러가 이끄는 '국가사회주의 독일 노동자당', 바로 나치였다. 히틀러는 패전 후 연합국의 정치, 군사, 경제적인 압박에 억눌려 있던 독일 국민의 열등감과 적개심을 자극하며, 독일의 재건을 설파했다.

그렇지만 1925년부터 1929년 사이에, 독일은 경제적 부흥기를 맞았다. 그 영향으로, 독일 국민의 대부분은 히틀러의 연설에 귀를 기울이지 않았다. 이때 독일에서는 대규모의 공공토목사업이 진행되었고 산업은 빠르게 발전해갔다.

독일은 이 무렵에 세계 2위의 산업국으로까지 발전하였다. 그러나 미국에서 휩쓸기 시작한 세계 대공황이 독일에 그 모습을 드러냈다. 경제 위기가 국가와 사회에 영향을 준 대표적인 예가 바로 1929년에 미국에서 일어나 세계로 확산된 세계 대공황이다. 전 세계의 선진국과 개발도상국은 대공황에서 헤어나지 못했다. 경제가 위축되면서 실업률이 치솟고 사회가 불안해지자, 사람들은 새로운 이념과 정치 체제를 찾았다.

세계 대공황으로, 독일인들 역시 생활고에 시달리고 실업으로 고통을 받았다. 히틀러는 이 기회를 놓치지 않았다. 그는 열정적인 연설로 정부의 무능함을 지적했다. 경제적 고통을 겪고 있던 독일인들은 히틀러의 확신에 찬 연설에 끌려갔다. 이심전심以心傳心이라고 한다. 독일인의 마음과 히틀러의 마음은 통했다. 마침내 히틀러는 독일 국민들의 열렬한 지지를 얻기 시작했다.

이때 히틀러가 주장한 것이 게르만족의 우월성이었다. 본래 게르만족은 그 원주지가 북유럽의 스웨덴·덴마크로, 4~5세기에 로마제국이 쇠퇴하자 중부 유럽의 독일 땅으로 들어오기 시작했다.

게르만족은 190cm의 큰 키와 금발 머리, 높은 코, 파란 눈을 가진 민족이다. 그런데 히틀러는 이러한 게르만족의 특성을 별로 갖추고 있지 않았다. 이 점은 이미 당시의 일부 독일인들이 정확히 알고 있었다. 독일 바이에른 학술원 의장으로 우생학자인 막스 폰 그루버Max von Gruber는 히틀러를 처음 본 뒤에 이렇게 이야기했다.

> "히틀러는 나쁜 혈통을 이어받은 겉모습과 머리를 가진 잡종이다. 낮은 이마와 매력 없는 코, 넓은 광대뼈를 가졌다. 또 그는 작은 눈과 검은 머리를 가졌다. 키도 작다."

그래도 히틀러가 게르만족의 특징을 가졌다면, 그것은 파란 눈을 가진 정도였다.

1930년대 초에 나치당은 큰 규모로 발전해, 당원 수는 약 80만 명이 되었다. 불과 10년 사이에 당원 수가 비약적으로 증가했다. 이런 나치당의 성장은 전적으로 히틀러의 연설에 의한 것이었다.

그는 처음으로 비행기를 정치에 이용했다. 1932년 4월에 선거가 있었다. 이때 히틀러는 1주일 동안 두 차례에 걸쳐 독일을 비행하며, 46개 도시에서 연설했다. 이 시기에, 독일 농촌에서는 여전히 말이 이용되고 있었다. 그는 첨단을 걷는 정치인으로 비쳤다. 이러한 시도는 독일 정치인 가운데 최초의 것이었다. 수십만 명이 히틀러의 연설을 보기 위해 왔다. 이 역시 독일 역사상 처음이었다.

히틀러는 비행기라는 과학기술을 이용해 독일인들의 인기를 끌었다. 그는 이전의 정치인들이 도저히 하지 못했던 공간의 이동을 이용해, 환호성을 얻었던 것이다. 그는 저절로 교만해져 갔다. 히틀러가 연설하는 집회는 성대하게 개최되었다. 악대의 연주 속에 등장하는 깃발 행진과 행사장을 가득 메운 사람들 속에 히틀러는 약간 늦게 등장했다. 그는 혼신의 힘을 다해 연설하며, '독일의 지도자'가 되어

갔다.

이제 히틀러가 독일 정치의 중심이 되었다. 정치는 도대체 무엇인가? 2015년 노벨 경제학상 수상자인 앵거스 디턴Angus Deaton 미국 프린스턴 대학교 교수는 말한다.

> 정치는 갈등을 해결하는 수단이다. 다른 사람들과 함께 사는 사회에서는 내가 원하는 걸 남이 원하지 않을 수도 있고 남이 원하는 걸 내가 원하지 않을 수도 있다.
> 정치는 이 갈등을 해소할 수 있는 한 방법이다. 그렇기 때문에 매우 중요한 기능이다. 정치가 매우 사납고 분열적인 것도 이 때문일 것이다. 꼭 민주주의가 아니라도 모든 형태의 정치는 어떤 식으로든 갈등을 풀기 마련이다. 그중에서도 민주정치가 효과적이기 때문에 우리 사회가 민주주의를 유지하는 것이라고 본다.

디턴 교수는 갈등을 해소할 수 있는 한 방법이 정치라고 하였다. 독일인들은 제1차 세계대전에서 패전한 이후 벌어진 갈등을 어떻게 풀려 하였을까?

그들은 독일이 최고이며, 게르만족이 가장 우수하며, 히틀러가 누구보다도 더 위대한 통치자라는 데에서 그 해법의 실마리를 찾고 있었다. 독일인들은 완전하다는 것을 내세웠다. '최고'라는 것이나, '가장'이라는 표현이나 '누구보다도 더'라는 표현은 그것을 잘 나타내는 것이다. 이것은 어떤 의미를 가지는 것일까? 홍성남 가톨릭 신부의 말을 들어보자.

> 사람은 완전한 덕을 가지고 살기에는 내적으로 하자가 많은 존재이다. 마음 안의 수많은 콤플렉스와 상처들이 완전함을 지향하는 사람들을 빗나간 길로 끌고 가는 것이다.

대개 완전한 사람이 되기를 지향하는 사람들은 강박적 성향을 가진 경우가 대부분이다. 또한 완전한 삶을 산다고 하는 사람들은 자신들도 모르게 우월한 존재라는 자의식을 갖는다. 말은 겸손한데, 다른 사람들과 어울리지 않으려고 하고, 배타적인 무리를 이룬다.

완전함이란 하자가 없는 것이 아니다. 불완전함을 받아들이는 것이 완전함을 지향하는 삶이다. 겸손이란 불완전함을 받아들이는 것이고, 사랑이란 불완전한 상태에서 불완전함을 이해하고 받아들이는 노력이다.

홍성남 신부의 이야기에 따르면, 완전한 삶을 산다고 하는 사람들은 자신도 모르게 우월한 존재라는 자의식을 갖는다고 한다. 히틀러는 게르만족과 다른 민족의 혼인을 반대하며 민족의 완전함을 지향했다. 히틀러를 적극적으로 지지한 독일인들은 스스로 우월한 존재라는 인식이 있었다. 이것이 독일을 다른 국가와 구별하는 배타성을 강화시켰을 것이다.

독일인들이 완전함을 내세우게 되면서, 그들은 불완전함을 받아들이는 겸손이나, 불완전함을 이해하고 받아들이는 노력인 사랑을 할 수 없게 되었다. 이런 풍토에서 장애인이나, 약자라는 불완전함을 가진 사람들이 주요한 공격 목표가 되었던 것이다.

◇◇◇

놀랍게도 나치하 독일의 정신적 행태가 패전 이전 일본의 상황과 닮아 있다. 일본인은 천황에 대한 무조건적인 숭배와 충성을 하였다. 히로히토 천황은 1926년 즉위한 이후 패전에 이르는 19년간 절대적이고 신성불가침한 신이었다. 일본 국민들은 천황이 지배하는 신성한 국가의 일등 국민이라는 환상에 빠져 있었다. 그래서 그들은 제2

차 세계대전에서 천황의 군대는 백전불패라는 신화를 굳게 믿었다.

일본이 패전할 무렵에, 가미가제 특공대가 등장했다. 조종사가 탄 전투기가 미국의 전함에 돌진해 피해를 주었던 것이다. 천황이 다스리는 국가의 불패 신화를 믿었기에, 일본은 이러한 무모한 행위를 했다.

일본 역시 나치하의 독일과 마찬가지로 그들의 정치와 문화가 일류이며, 완벽하다고 믿었다. 그들은 조선인 남자 485만 명을 강제로 징용하여 혹독한 노동을 하게 했다. 그리고 약 41만 명의 조선인 청년들을 강제로 징병하여 동남아시아와 남양 군도에서 스러져가게 해도 죄의식이 없었다. 그들에게 조선인들은 불완전한 하류 인간들이었기 때문이다.

완전함을 지향하던 독일인들은 히틀러를 적극적으로 지지하기 시작했다. 1933년 1월 30일에, 히틀러는 바이마르 공화국의 합법적인 절차에 의해 총리에 임명되었다. 그는 정권을 잡은 지 몇 달이 지나지 않아 공산주의자들의 활동과 사회민주당을 금지했다.

히틀러는 독일의사당에 화재를 일으켜, 이른바 '의사당 방화사건'을 조작했다. 그에게 걸려든 세력은 공산주의자들이었다. 공산주의자들을 제거한 히틀러는 의회의 모든 권력을 자신에게 양도하는 '권능 부여 법안'을 통과시킴으로써 전권을 장악하였다. 이 무렵에 목숨을 잃은 사람이 천여 명에 달하였다.

놀라운 것은 1933년 5월 10일에 벌어진 분서사건이었다. 이때, 대량의 서적이 불태워졌다. 유태인의 저술과 함께 나치즘이 적대시하는 하인리히 만·프로이트·마르크스 등의 저서가 목표가 되었다. 책이 소각되며, 독일의 자유민주주의도 사라져갔다.

이제 나치는 선전과 선동을 통해 독일 사회를 휘어잡으려 했다. 단

기간에 독일인들을 세뇌시키기 위해서는 선전과 선동이 매력적인 도구가 되었다. 그 중심에 섰던 인물이 히틀러와 괴벨스였다. 히틀러는 선전이란 지식인들이 아니라, 오로지 대중들을 대상으로 수행되어야 함을 강조했다. 그는 이렇게 말했다.

"대중들의 이해력은 매우 부족하며 그들의 지능은 매우 낮다. 그리고 그들의 망각 능력은 실로 대단하다. 따라서 모든 효과적인 선전은 아주 간단한 핵심 요소들로 한정되어야 한다. 대중들에게 이해시키려 하는 것은 마지막 한 사람이 이해할 때까지 구호로써 되풀이해야 한다."

또한 그는 선전 심리술에 대해 이렇게 말했다.

"민중의 압도적인 다수는 냉정한 생각이 아니라 여성처럼 감정적으로 행동한다. 그러나 이 감정은 복잡하지 않으며, 매우 단순하고 폐쇄적이다. 그들의 감정에는 음영이 거의 없고 오직 대립만 존재할 따름이다. …… 애정인가 증오인가, 긍정인가 부정인가, 진실인가 거짓인가 하는 것뿐이다."

계속해서 히틀러는 나치 당원들에게 다음과 같이 선동했다.

"대중을 속이기 위해서는 자신부터 거짓말을 진실로 믿어야 한다. 거짓말을 하려면 크게 하라. 그러면 사람들은 그것을 믿게 된다."

히틀러는 제복을 입고 완장을 차며 항상 깃발 앞에서 연설했다. 그는 두 팔을 치켜들며 단호한 어조로 말하면서, 대중의 관심을 사로잡아 나갔다.

1933년 9월부터는 독일 문화계의 상당 부분을 선전 장관인 요셉 괴벨스Paul Joseph Goebbels가 통제하기 시작했다. 그는 독일인들의 마음을 히틀러와 나치에 맞추어, 그에 복종하도록 하는 놀라운 선전 선동술을 과시했다. 괴벨스는 제국민족선전부처와 당중앙선전국·제국문화원 등이 독일의 문화계 전반을 감독하도록 했다.

괴벨스는 라디오에 주목했다. 그는 라디오를 통해 나치의 중요한 정치적 선전을 효과적으로 전파했다. 또한 괴벨스는 언론을 나치의 피아노라고 불렀다. 정부가 원하는 것을 연주하는 것이 언론의 임무였다. 그는 영화도 선전수단으로 활용하였다. 레니 리펜슈탈Leni Riefenstahl이 1934년 나치의 뉘른베르크 전당집회를 다룬 <의지의 승리>(1935)와 1936년 베를린 올림픽을 기록한 <올림피아>(1938)가 대표적이다.

괴벨스는 선전 선동의 메시지가 대중적인 오락물 속에 숨겨져 있을 때, 가장 효과적이라고 믿었다. 그래서 제작된 영화의 절반이 멜로 코미디였다. 이 속에는 나치를 선전하는 내용이 숨겨져 있었다. 모든 것이 나치의 통제 아래에 놓이게 되었다.

이에 따라 나치의 정책에 순응하지 않거나 미온적인 교수와 강사들은 대학의 강단에서 쫓겨났다. 이와 함께 자유민주주의자·공산주의자들은 박해당해 집단수용소로 잡혀가기 시작했다. 나치의 일당독재체제를 어느 정도 완성한 히틀러에게 남아 있던 문제는 군부의 충성이었다. 히틀러는 자신을 추종하던 돌격대와 결별하고 군부와 손을 잡았다. 그는 1934년 6월 30일에 수백 명의 돌격대원들을 체포하고 처형하였다. 이를 계기로 군부는 히틀러에게 충성을 다짐하게 되었다.

1934년 8월에 히틀러는 총통이 되었다. 이로써 그는 독일 역사상 유래를 찾아볼 수 없는 가장 강력한 권력자가 되었다. 이제 독일인들은 다른 사람을 만나면 '하일 히틀러Heil Hitler(히틀러 만세)'를 외치기 시작했다. 그것이 그들의 인사가 되어 갔다. 히틀러는 독재체제를 구축하였다. 모든 것이 히틀러의 권력에 복종하였다. 독일 사회에서 민주적 절차는 사라졌다.

히틀러의 권력이 어느 정도인가를 보여주는 생생한 예가 있다. 1935년에 히틀러가 그의 별장을 증축할 때였다. 히틀러는 농민들에게 별장 주위의 땅을 팔 것을 권유했다. 대부분의 농민들은 이에 따랐다. 그러나 하인츠 야거라는 농민은 땅을 팔기를 완강히 거부했다. 히틀러는 야거를 별장으로 불러들였다. 이때의 이야기를 들어보자.

> 히틀러는 야거에게 악수를 청하며 의자에 앉으라고 친절하게 권했다. 그러고는 "왜 농장을 팔지 않으려는 겁니까?"라고 부드럽게 물었다. 야거는 "농장은 대대로 물려받은 것이라 팔 수 없습니다."라고 대답했다.
>
> 히틀러는 아무 말도 하지 않고 천천히 고개를 끄덕였다. 다음 순간 그는 야거의 눈을 뚫어지게 쳐다보며 말했다.
>
> "다시 한번 부탁합니다. 당신의 농장을 파시오. 독일을 사랑하는 마음으로!"
>
> 야거는 단호하게 대답했다.
>
> "안 됩니다."
>
> 뒤에 야거는 이렇게 회고했다.
>
> "저는 살면서 그런 사람은 처음 봤습니다. 그처럼 부드럽게 이야기하던 사람이 몇 초 만에 그렇게 변할 수 있다니 믿기지 않았죠. 제가 싫다고 분명하게 대답하자, 그의 관자놀이에 있던 핏줄이 눈에 띄게 부풀어 오르더군요. 게다가 콧수염도 실룩거렸습니다. 저를 쳐다보는 눈길이 예사롭지가 않았어요. 저를 한참 동안 노려보더니 비서인 보어만에게 이렇게 지시를 했습니다. '뭘 하나? 조치를 취해야지!' 그러고는 급하게 자리에서 일어나 저에게 눈길 한 번 주지 않고 방에서 휙 나가버리더군요."

야거는 그 자리에서 다하우에 있던 강제수용소로 끌려갔다. 이때 히틀러는 법 위에 있었다. 이 이야기는 히틀러에게 있어 중요한 것이 무엇인가를 보여준다. 그것은 자신이었다. 자신의 소망과 관심이 무엇보다도 그에게 중요했던 것이다.

모두가 히틀러를 쳐다보며, 그가 독일이 되어 갔다. 사법부·행정부와 언론과 대학, 모든 단체에서 히틀러를 위한 동질화가 진행되었다. 동질화는 "한 민족, 한 국가, 한 지도자"라는 구호와 맞물려 진행되었다.

히틀러는 폭력과 억압을 행하면서도 한편으로는 많은 사람들의 지지를 얻으려 애를 썼다. 그는 처음부터 사회의 여러 계층을 세심하게 배려하였다. 노동자 계층은 일자리 창출·노동자 복지 향상 등의 혜택을 받았다. 소매상들은 그들과 경쟁 관계였던 대형 백화점에 정부가 높은 세금을 부과함으로써 이익을 얻었다. 농민들은 농산물 보호 관세와 국내 농산물의 가격 상승에 기뻐했다. 기업가들도 노동자의 경영권 참여 배제, 임금협상의 폐지, 군수산업 분야에서 늘어나는 정부 발주사업 등에 의해 혜택을 받게 되었다. 이렇게 거의 모든 독일 국민들에게 골고루 혜택이 주어졌다.

이때 와서 나치는 장엄한 행사를 통해 정치를 연출하며, 저절로 대중들의 지지를 얻어나가려 하였다. 해마다 뉘른베르크에서 열리는 전당대회는 그 본보기였다.

뉘른베르크 전당대회는 대중 집회였다. 수많은 군중의 물결 속에서 사람들은 함께 구호를 외치고, 그 자신이 집단과 하나가 되었다. 집회에서는 바그너가 작곡한 '마이스터징거 서곡'이 흘러나왔다. 이 곡은 정중하고 깊이 있는 아름다움 속에, 관악기의 개성 있는 연주가 조화를 이룬다. 당당한 기백이 흘러나오는 곡 속에서 독일인들은 어깨를 쫙 펴며 자신감으로 충만해졌다. 히틀러는 이러한 대중심리를 잘 간파하고 있었다. 1934년 뉘른베르크에서 열린 나치 전당대회에는 무려 70만 명이 모여든 것으로 추산되었다. 이 전당대회를 감독한 사람은 여류감독 레니 리펜슈탈Leni Riefenstahl이었다.

전당대회에서 가장 열정적인 장면은 히틀러가 히틀러유겐트[4] 단원들에게 연설하는 모습이었다. 리펜슈탈은 연단 주위에 설치해둔 원형 트랙을 따라 카메라가 히틀러의 주변을 천천히 회전하며 움직일 수 있도록 만들었다. 히틀러는 "독일이여, 독일이여, 온 세계 위에"라는 나치의 노래를 부르며, 독일 민족이 세계 제일이라는 민족적 자부심을 고취시켰다. 그는 대중과 일체화되고자 했다.

히틀러는 "여러분이 곧 나요, 나는 곧 여러분이다." "여러분이 곧 독일이요, 우리들이 곧 독일이다."라고 외쳤다. 또한 그는 확신에 찬 어조로, "지금 나는 나의 동지인 여러분에게 말한다. 나는 수백만의 용감하고 부지런한 히틀러유겐트 단원들과 일하는 국민을 위하여 투쟁하고 있다."라고 소리쳤다.

히틀러유겐트 단원들의 질서정연한 모습과 피와 정열을 지닌 히틀러의 조화가 자연스럽게 이루어졌다. 1934년 3월 28일 베를린에서 뉘른베르크 전당대회를 찍은 다큐멘터리가 공개되었다. 그것은 <의지의 승리>라고 이름 붙여졌다.

이 영화에서 히틀러는 밑에서 위를 촬영하는 앙각 앵글로 촬영되었다. 이러한 촬영은 히틀러를 웅장하고 박력 있게 보이게 하면서, 희망의 이미지를 내뿜도록 하였다. 이와 반대로 히틀러를 따르는 군중들은 언제나 위에서 밑으로 촬영하는 부감 앵글로 비추어졌다. 관객들은 항상 히틀러를 우러러보며 숭배하는 상황이 되었다.

야간집회 때의 어두운 상황에서는 히틀러에게만 조명이 집중적으

---

4) 히틀러유겐트Hitler Jugend: 나치 독일의 청소년 조직으로, 모든 게르만인 독일 소년들은 반드시 가입해야 했다.

로 비추어졌다. 그의 등 뒤로는 안개구름 속에서 제국을 상징하는 독수리가 환한 빛을 내뿜었다. 마치 꿈을 꾸는 상황 속에서, 히틀러는 독일의 영웅이 되어 갔다.

히틀러와 나치 지도부는 <의지의 승리>를 높이 평가하였다. 그 이유는 이 영화가 뉘른베르크 전당대회를 완벽하게 기록한 다큐멘터리라는 점 때문이 아니었다. 이들은 <의지의 승리>가 히틀러와 독일 국민의 관계와 히틀러에 대한 숭배를 매우 잘 표현했다고 하면서, 이 영화를 '지도자의 영화'라고 불렀다.

뉘른베르크 전당대회의 구체적인 모습을 나치의 군수장관을 지냈던 알베르트 슈페어Albert Speer의 증언으로 들어보자.

> 경기장을 둘러싼 높은 울타리 뒤에는 독일의 모든 지방 단체에 속한 수천 기의 깃발이 준비를 갖추고 기다릴 예정이었다. 기수旗手들이 10종대로 나뉘어 일종의 길을 만들면 중하위직 공무원들이 그 길을 행진하는 것이다. 깃발에는 밝은 스포트라이트를 비추고, 그 위로는 거대하게 솟은 독수리가 보인다. 그것만으로도 극적인 효과를 낼 수 있을 것이다. 하지만 내 생각에는 이것으로도 충분하지 않았다. 나는 새로 도입한 대공對空 탐조등 빛이 하늘 위로 몇 킬로나 치솟은 것을 우연히 보았다. 그래서 히틀러에게 탐조등 130개를 요청했다.
>
> 드디어 광선 130개가 하늘로 9km까지 치솟았다. 이 빛이 널리 퍼져 합쳐지며, 빛의 돔을 만들었다. 이런 빛의 소용돌이 속에서 구름이 움직이자, 너무나 놀라운 현실을 뛰어넘는 효과를 주었다.

이러한 뉘른베르크 집회는 외국인에게도 특별한 인상을 남겼다. 윌리엄 셔러William Shere는 미국의 통신원으로 1941년 『베를린 일기』를 출판했다. 그는 이 책에서, 뉘른베르크 집회를 자세하게 묘사했다. 셔러는 처음에 히틀러가 어떻게 사람들의 마음을 자극해 열광시키는지를 전혀 이해하지 못했다. 그는 얼굴에 표정이 전혀 없는 히틀러를 보자 환희에 가득 찬 표정을 짓는 사람들과, 또한 신이라도 만난 것 같은 여자들의 얼굴에서 광기를 보았을 뿐이었다. 하지만 시간이 가며, 셔러는 독일인들이 히틀러를 우상화시키는 이유를 알 수 있었다. 히틀러는 단조롭고 건조한 현대의 삶에 볼거리와 색채, 그리고 신비주의적 체험을 바로 그 집회에서 생생하게 보여주고 있었던 것이다.

이때, 히틀러를 숭배하고 유대인을 배척하는 노래가 불렸다. "나치당 노래"가 대표적이다.

> "독일은 그대들의 사악한 꿈으로부터 깨어났다
> 낯선 유대인들에게 너희의 제국이여
> 한 치의 땅을 내어주지 말라
> 우리들은 그대들의 부활을 위하여 싸우고 싶다
> 아리아인의 피는 멸망해선 안 된다……
> 우리들은 하켄크로이츠5)에게 목숨을 바친다
> 우리들의 총통 만세 히틀러 만세……"

이 노래는 당시 독일인들의 정서를 보여준다. 유대인에 대한 배척, 호전성, 히틀러 숭배가 그것이다. 이 노래가 행진곡풍의 힘찬 노래로 불릴 때, 사람들은 자연스럽게 히틀러를 숭배하며 나치에 대한 충성을 다짐하게 되었다. 그들은 뒤에, 이 노래와 같이 살았다. 하켄크로이츠에게 목숨을 바쳤던 것이다.

이제, 유치원 어린이로부터 저명한 교수에 이르기까지 다음과 같은 서약을 해야만 했다.

---

5) 하켄크로이츠: 나치의 국기이다. 현재 독일에서는 법적으로 사용이 금지되고 있다.

"나는 우리나라의 구세주이신 아돌프 히틀러 님께 온 힘을 다해 헌신할 것을 맹세한다. 나는 맹세코 그분을 위해 기꺼이 내 생명을 바칠 것이다."

독일의 세계적 철학자인 마르틴 하이데거Martin Heidegger는 '히틀러 총통은 독일 민족의 운명을 책임진 인물이며, 나치체제는 독일이 나아가야 할 정도正道'라고 역설하였다. 이 세계적인 철학자의 이야기를 들은 독일인들은 더욱더 히틀러를 숭배하게 되었다.

하일 히틀러Heil Hitler(히틀러 만세)가 독일인들의 인사가 되었다. 독일인들은 모두 하일 히틀러를 외치며 그에 대한 숭배의 감정을 표현했다. 그런데 히틀러 자신도 이 인사말을 썼다. 생각해보라. 히틀러 자신이 스스로의 이름을 부르며 만세라고 외치는 것이 이성적으로 가능한 일인가? 독일인들이 히틀러 자신이 부르는 하일 히틀러를 당연하게 여긴 것이 문제가 있는 것이 아닌가? 이 한 가지만 보아도, 이미 히틀러와 독일인들이 이성을 잃고 있었음이 분명하다. 독일은 이성이 마비된 사회가 되어 갔다.

◇◇◇

그럼에도 독일인 모두가 이성이 마비된 것은 아니었다. 아니, 그중에는 다가오는 독일의 파국과 절망을 미리 예언한 사람도 있었다. 우리는 앞서 토마스 만의 강연을 들을 수 있었다. 그는 바이마르 공화국의 자유민주주의를 수호할 것을 주장하다가, 1933년 히틀러가 총리가 되자 미국으로 망명했다. 토마스 만은 「바그너와 히틀러」라는 글을 통해 히틀러 체제의 몰락을 내다보고 있었다.[6]

---

6) 토마스 만의 글은 토마스 만, 원당희 옮김, 2009, 앞의 책을 참고하였다.

이 나치라는 야수의 본능에는 폭발 일보 직전의 분노의 감정이 섞여 있습니다. 그러나 미묘하게도 이런 것은 독일의 음악가인 바그너를 이야기할 때면 언제나 필연적으로 남아 있는 것입니다. …… 히틀러의 국가사회주의는 이렇게 말합니다.

"나는 결코 사회성을 원하지 않고 민족의 동화童話를 원한다."

동화는 어린이를 위하여 동심을 바탕으로 지은 이야기이지요. 이런 이야기들은 대체로 공상적이고 서정적입니다. 따라서 국가사회주의가 지극히 부드럽고 정신적인 형태를 갖추고 있는 것도 사실입니다. 그러나 그것은 실제로 추악한 야만성이 드러난 것입니다. 왜냐하면 어린이를 위한 동화가 실제의 정치에서는 거짓으로 변질되기 때문입니다. …… 나는 바그너의 의심스러운 '문학'에서만 나치의 요소를 발견하는 것이 아닙니다. 나는 그의 '음악'에서도, 그리고 고상한 의미에서 사용하고 있지만 그의 의심스러운 '예술작품'에서도 마찬가지로 나치의 요소를 발견합니다. ……

바그너의 작품에는 전율 어린 음향이 자아내는 열광이 있습니다. 그토록 우리를 자주 사로잡는 장엄함은 우리들 마음속을 격동시킵니다. 가장 위대한 자연 속과 저녁놀 속에 우뚝 솟은 산속의 별장, 불타오르는 바다가 우리들 마음속에서 불러일으키는 그런 장엄함은 실제로 어떤 성격일까요? 바그너의 작품은 합리적인 생활 태도의 길을 열어준 르네상스 이래의 지배적인 문명에 대립된다는 점입니다. 히틀러주의와 마찬가지로 이 작품은 시민적, 휴머니즘적 시대를 완강히 거부합니다. ……

우리는 결코 잊어서는 안 됩니다. 히틀러의 국가사회주의는 반드시 패배해야 하며, 그것은 유감스럽게도 독일이 패해야 한다는 의미이기도 합니다. …… 독일은 패배해야만 합니다. 독일은 이 나라에 수백 년 내려오는 전통 기반의 모든 근본조건을 완전히 다시 정비해야만 합니다. 그럴 때에만, 독일은 유럽의 한 나라로서 존재하며 성숙한 국가로 될 수 있습니다.

토마스 만은 이 글에서, 독일이 패해야 하며, 패배해야만 한다는 당위성을 부르짖고 있다. 또한 그는 독일이 패배해야, 유럽의 한 나라로서, 성숙한 국가가 될 수 있다는 논리를 펼쳤다.

히틀러가 강조한 것은 게르만 민족의 우월성이었다. 게르만 민족이 세운 독일이 세계 최고의 국가가 될 수밖에 없다는 그의 논리는 패전과 함께 완전히 깨져버렸다.

과연 게르만족은 고대古代에 어떤 생활을 했을까? 히틀러는 역사에서 본받을 만한 유일한 나라로 고대의 로마제국을 꼽았다. 그는 로마인과 게르만인은 '기본인종'으로 통합될 수 있다고 역설했다.

과거 로마제국의 사람들에게 게르만족은 어떤 이미지로 다가왔을까? 게르만족의 원래 거주지는 춥고 습한 북부 유럽의 삼림지대와 흑해 연안이었다. 4세기 무렵에 로마제국이 쇠약해져 가자, 게르만족이 로마제국의 영토 안으로 이동하였다. 이때 그들은 목축을 하는 단계에서 농경을 하는 단계로 옮겨가고 있었다. 그들은 그 무렵에 일정한 영토를 가지고 국가를 경영하는 단계에 이르지 못하고, 종족집단으로 분열되어 있었다. 게르만족은 농사를 짓기도 했지만, 그보다는 약탈에 의존하는 경우가 더 일반적이었다.

게르만족에는 고트족·반달족·부르군트족 등이 속해 있었다. 이들이 로마제국을 공격하기 시작했다. 396년의 한 기록을 보자.

> 가는 곳마다 죽음의 냄새로 가득 차 있다. 귀족들은 게르만인들의 먹이가 되고 부인이나 딸들은 그들의 야욕에 희생되었다. 주교와 사제들은 붙잡혀 칼에 찔려 죽어갔으며 교회는 약탈당하였다. 제단은 짐승을 먹이는 구유로 바뀌고, 순교자들의 묘지는 파헤쳐졌다. 어디를 보나 비통하고 한탄을 자아내는 것뿐이며, 가는 곳마다 죽음의 악취가 풍긴다.

히틀러가 그토록 우월하고 위대하다던 게르만인들은 4세기에 야만적이었던 것이다. 이런 게르만인이 세운 독일이 제2차 세계대전에서 패망했다. 1945년 4월에, 독일은 원시적인 상태로 돌아와 버렸다.

도처에는 폭격으로 부서진 건물과 시체들이었으며, 음산한 기운이 감돌았다. 희망이라고는 없었다. 자갈 더미 속에서 누더기를 입은 독일인들이 공포에 질려 있었다. 거듭된 공습과 패전이 그들을 탄식과 비탄으로 자맥질하게 했던 것이다.

그러나 독일은 다시 일어섰다. 그런 악몽 같은 세월을 견뎌내며 독일인들은 20년도 안 되어, 라인강의 기적을 이끌어냈다. 자유민주주의가 정착되었다. 약자를 보호하며, 인간의 존엄성을 추구하는 자유민주주의가 독일에서 정착되었던 것이다. 이것은 놀라운 일이다.

2015년에 독일은 유럽의 모든 국가가 선망하는 나라가 되었다. 유럽에서 가장 인기 있는 언어는 독일어가 되었다. 독일어를 잘하면 취업이 쉽기 때문에, 유럽 여러 나라의 젊은이들이 경쟁적으로 독일어를 배우려는 상황이 되었다. 불과 70년 만에 상전벽해와 같은 일이 일어났다.

여기에서 우리는 히틀러가 이야기하는 민족성이라는 것이 허무한 말이라는 것을 여실히 알 수 있다. 독일인들은 히틀러 치하에서 야만성을 드러냈다. 바로 그 독일인들이 인간의 존엄성을 추구하는 자유민주주의 가치를 잘 구현하고 있는 것이다. 민족성은 고정된 것이 아니라, 변화한다는 것을 독일 국민이 똑똑히 보여주고 있다.

앞에서 토마스 만은 히틀러와 바그너 음악의 관계에 대해 이야기했다. 도대체 바그너의 음악은 어떠한가? 바그너의 음악은 애국적이며, 몽상적이었다. 그의 음악은 강력한 독일 정신으로 불렸다.

바그너의 대표곡은 혼례합창곡으로 유명한 오페라인 <로엔그린Lohengrin>이다. 독일 10세기의 기사 이야기와 백조의 전설을 웅장한 음악으로 표현한 이 작품은 화려하고 강한 호소력을 가지고 있다. 독일 신화를 배경으로 한 바그너의 작품에는 스스로를 칭찬하는 자화자찬과 호언장담이 있었다. 이런 작품은 1920년대와 1930년 대에 게르만 민족의 위대성을 부르짖던 히틀러의 정서와 맞았다.

히틀러는 자신이 가진 오만함을 바그너의 음악에서 발견했다. 그는 바그너의 음악을 숭배해, <로엔그린>을 외웠다. <로엔그린>은 남성과 여성이 환상적인 합창을 하며, 여운을 주는 곡이다.

히틀러가 바그너에게 끌렸던 점은, 바그너가 유대인을 경멸했기 때문이었다. 바그너는 유대인이 비겁하고 남의 작품을 베낀다고 비난했다. 이런 바그너를 히틀러는 숭배하였다. 그는 차를 타고 가두행진을 할 때, 배경음악으로 경건한 곡인 바그너의 <탄호이저> 서곡에 등장하는 '순례자의 합창'을 틀었다.

> "편히 쉬라 지난날의 고통 모두 다 지나갔도다. 우리 죄로 더러운 몸, 한이 없는 은혜로써 사함 받고, 주님 앞에 이제 나와, 경건하게 경배하며 찬양하리라."

독일 기독교인들은 '순례자의 합창'과 함께 등장하는 히틀러를 경건한 사람으로 보았다. 대부분의 기독교인들은 그가 뒤에 참혹한 전쟁을 일으켜, 유럽을 폐허로 만들고 5천만 명의 목숨을 앗아가리라고는 상상하지도 못했다.

그는 음악을 권력 장악에 활용하였다. 히틀러는 순례자라는 가면을 쓰고 사람들의 마음을 사로잡아 나갔다. 그는 뒤에 가면을 벗으며 말했다.

> "바보 멍청이가 성직자를 대신해서 노인들에게나 설교하는 날이 왔으면 좋겠다."

실제로 히틀러는 기독교를 유대인이 오염시킨 신앙으로 여겼다. 그 대신 그는 독일인들에게 혈통·흙·게르만의 전통문화를 강조했다. 새로이 대두한 '긍정적 기독교'라고 불린 '나치 신교Nazi Protestant'에서 예수 그리스도는 히틀러의 모습으로 부활되었다.

◇◇◇

다시 히틀러가 다스리던 독일로 시선을 옮겨보면 어떨까? 대중들의 압도적인 지지를 바탕으로, 히틀러는 독일의 공업생산력을 확충하고 군사력을 강화시켜 나갔다. 그는 제1차 세계대전 이후 체결된 베르사유조약에 대한 파기를 선언해, 연합국의 전쟁 배상 요구를 거부했다.

히틀러가 총통이 된 후 경제는 지속적으로 성장하였다. 그가 집권하면서 공언한, 독일 국민을 빈곤에서 구하겠다는 약속은 1936년 말에는 이루어진 것처럼 보였다. 600만 명을 넘던 실업자 수가 100만 명으로 줄어들었다. 히틀러는 제1차 세계대전 이후, 패배의식 속에서 지독한 인플레이션과 실업을 겪었던 독일 국민에게 구세주가 되어갔다. 1938년에 독일로부터 망명했던 저명한 연대기 저자 하프너는 이렇게 말했다.

> "히틀러는 수백만의 사람들에게 일자리와 빵을 주었다. 우리는 그것을 너무나 감사하게 여겼다."

그가 집권한 후부터 1930년대 후반까지 그의 정책은 모두 성공했다. 경제적인 성취와 열광이 그를 둘러쌌다. 독일 국민들은 그에게 환호했다.

1938년에 여론조사가 있었다.

"당신은 1938년 3월 13일에 이룬, 오스트리아와 독일제국의 통일에 동의하고, 우리의 지도자 아돌프 히틀러의 후보들에게 표를 던지겠는가?"

이 질문에 독일에서는 99.08%, 오스트리아에서는 99.75%가 찬성했다. 나치 정권을 연구했던 밀턴 마이어는 말한다.

"독일 인구 7,000만 명 중 100만 명이 나치 독재에 직접 가담했지만 그 배후에는 6,900만 명의 동의와 참여가 있었다."

이때 독일인들은 히틀러를 숭배하며, 그에게 도취했다. 독일인 중에는 집 한쪽에 있는 '하느님을 위한 공간'을 '총통을 위한 공간'으로 만들어, 사진과 꽃으로 장식하는 사람까지 있었다. 히틀러는 신과 같이 되어 있었다. 이제 히틀러는 자신이 하는 일은 모두 성공한다고 생각하기 시작했다. 지나친 성공이 자만심을 키워갔다. 현실감각을 잃기 시작했던 것이다. 바로 이 시기에 히틀러에게 패배의 그림자가 드리워지기 시작했다.

히틀러는 평소에 독일 국민의 생활권을 넓히겠다는 발언을 했다. 그는 드디어 행동에 나섰다. 동유럽으로 세력을 뻗어나가려 했던 것이다.

그는 1939년 8월에 소련(러시아)의 스탈린과 불가침조약을 체결하였다. 이를 통해 소련(러시아)과의 관계를 안정적으로 만들었다. 곧이어 1939년 9월 1일에, 히틀러는 폴란드를 전격적으로 침공하였다. 폴란드를 침공한 독일군의 전력은 막강하였다. 독일군은 최신식의 급강하 폭격기와 전차(탱크)를 주력으로 하였다. 이에 비해 폴란드군은 말을 탄 기병대를 주축으로 했다.

1939년 9월 독일의 기갑 부대를 향해 폴란드의 포모르스카 기병 여단이 맹렬한 반격을 하였다. 폴란드군은 애국심으로 똘똘 뭉쳐 말을 타고 독일군의 전차를 향해 달려갔다. 그들은 긴 창을 들고 전차의 포신에 뛰어들었다. 그것은 전쟁이 아니었다. 끔찍한 살육이었다. 독일이 폴란드를 점령하는 데 걸린 기간은 불과 5주간이었다.

이와 같은 기세로 독일은 1940년 4월에 덴마크와 노르웨이를 점령하였다. 5월에는 네덜란드·벨기에를 침략했으며 6월에는 프랑스마저 항복시켰다. 그야말로 파죽지세로 유럽 대륙을 장악하기 시작했다.

히틀러가 독일 민족의 생활권을 넓히려 했던 궁극적인 목표는 게르만족에 의한 유럽제국 건설이었다. 이를 재정적으로 뒷받침하기 위해, 히틀러는 점령한 나라들의 금과 재산을 몰수했다. 프랑스는 600억 마르크와 철 생산량의 74%를 강탈당했고, 벨기에와 네덜란드는 국가 수입의 3분의 2를 착취당했다.

이뿐만이 아니었다. 히틀러와 나치는 점령한 나라에서 미술품들을 약탈했다. 히틀러는 어릴 때 화가가 되려고 한 적이 있었다. 그래서 미술에 상당한 관심이 있었다. 1938년에 히틀러는 오스트리아에 자신의 위엄을 상징하는 초대형 미술관을 세우기로 결정했다. 그는 미술관에 전시할 미술품들을 약탈했다. 패전국인 네덜란드와 벨기에·프랑스의 미술품들을 약탈하거나, 유대인 소유의 컬렉션을 압수했다. 예를 들어 히틀러는 네덜란드의 국보급 회화인 얀 반 에이크의 '겐트 제단화'를 빼앗았다. 프랑스에서는 국가 소유의 컬렉션과 부호들의 컬렉션을 모조리 빼앗았다. 나치의 2인자인 헤르만 괴링 역시 프랑스와 이탈리아 등에서 나치의 여러 기관을 이용하여 미술품을 약탈했다.

이에 대해, 미국과 영국을 중심으로 한 연합국은 대책을 마련했다. 연합국은 '기념물 전담반MFAA'이라는 부대를 만들었다. 처음에는 문화재 보호에만 집중되었던 '기념물 전담반'의 임무는 점차 히틀러가 약탈한 미술품의 행방을 좇는 것으로 바뀌었다. '기념물 전담반'은 단편적인 정보를 모았다. 그리고 독일 점령 치하의 파리에서 목숨을 걸고 약탈 미술품에 관한 정보를 수집한 박물관 직원 로즈 발랑의 기록을 이용해, 독일과 오스트리아의 외딴 성과 방공호·광산 들에 은닉된 히틀러의 약탈품을 찾아냈다. 그러나 현재까지도 그 행방이 알려지지 않은 미술품이 의외로 많다.

2010년 놀라운 사건이 일어났다. 독일 세관은 스위스 취리히에서 출발한 뮌헨행 열차를 검문했다. 유럽에서는 국경을 넘을 때 1,000유로 이상을 소유한 사람은 세관에 신고해야 된다. 이때 열차에는 코넬리우스 구틀리트(당시 80세)라는 노인이 타고 있었다. 그는 "오스트리아의 잘츠부르크에 살고 있는데 사업상 스위스 베른에 다녀오는 길"이라며 9,000유로(1,290만 원)를 신고했다.

세관원이 구틀리트에게 다가가 "당신이 신고한 9,000유로는 어디에서 나온 것입니까?"라고 물었다. 구틀리트는 안색이 창백해져 말을 하지 못했다. 그는 진땀을 흘리며 한참 후에야 "예."라고 대답했다. 그러고는 아무 말도 하지 못했다. 이 세관원은 그의 행동에 의구심을 느꼈다. 세관원은 상관에게 구틀리트의 행동이 이상하다며 보고했다. 독일 세관은 그에 대해 조사했다.

그러자 이상한 사실이 드러났다. 구틀리트는 뮌헨에 거주하는데도 독일 정부에 주소를 등록하지 않았던 것이다. 그는 연금과 의료보험이 없는 '유령 같은 존재'라는 사실이 드러났다. 세무 당국과 경찰은

2011년 그의 뮌헨 아파트에 대한 영장을 발부받아 수색했다. 이때 수색했던 세무 당국자의 이야기를 들어보자.

문을 따고 들어가는 순간, 기절할 만큼 깜짝 놀랐다. 거실, 방, 창고 할 것 없이 아파트 전체에 마룻바닥으로부터 천장까지 용도를 알 수 없는 낡은 식품 깡통들이 빽빽하게 들어차 있었다. 깡통 더미 뒤를 들여다본 순간, 수많은 미술품들이 있었다.

조사한 결과, 새로운 사실이 드러났다. 미술품들은 1,500여 점으로, 1930~1940년대 독일의 나치가 약탈한 것이었다. 가치로는 약 10억 유로(약 1조 4,300억 원 상당)나 되었다. 발견된 작품에는 프랑스 화가 앙리 마티스의 '앉아 있는 여인', 러시아 출신으로 프랑스에서 활동한 마르크 샤갈의 미공개 작품, 독일 화가 오토 딕스의 '담배 피우는 이의 자화상' 등 뛰어난 미술품이 있었다. 이것은 제2차 세계 대전 이후 발견된 예술품 중 최대 규모라고 주간 포쿠스는 전했다.
이 뜻밖의 발견에 대해, 베를린 자유대학의 미술사학자인 마이케 호프만은 기자회견을 갖고 다음과 같이 설명했다.

구틀리트의 아파트에서 발견된 작품들은 16세기부터 20세기까지의 것들이다. 보관 상태가 매우 좋았고, 미술사학자들에겐 엄청난 가치를 지닌 작품들이다. 독일 현대 화가인 오토 딕스의 작품도 있다. 샤갈의 그림에 관해서는 1920년대 중반의 우화적 풍경이 특별히 미술 역사학적으로 가치가 높다.

구틀리트는 나치가 지배하던 시절 미술품 거래상인 힐데브란트 구틀리트의 아들이었다. 힐데브란트는 유대인 미술품 거래상들을 협박하고 회유하며 그림들을 헐값에 사들여, 악명을 떨쳤던 인물이었다.

그는 나치 정권의 선전상이었던 괴벨스의 명령에 따라 나치가 몰수한 예술품을 판매하기도 했다. 구틀리트는 그림을 팔면서 생활해왔다. 그는 2011년에는 막스 베크만의 '사자 조련사'를 86만 4,000달러(약 9억 1,800만 원)에 팔기도 했다.

이 작품들이 어떻게 코넬리우스 구틀리트의 수중에 있었을까? 그것은 모두 그의 아버지인 힐데브란트 구틀리트(1895~1956)가 수집해 빼돌렸던 것이었다. 미술품 전시 기획자이자 미술품 수집가인 힐데브란트는 나치의 예술 파괴 활동에 앞장섰다.

히틀러는 19세기 말과 20세기 초에 유행한 초현실주의 작품들을 '퇴폐적 예술'로 규정했다. 그는 고전적 화풍의 그림들만 예술적 가치가 있다고 평가했다. 히틀러는 1937년에 미술상들이 보유하고 있던 초현실주의 작품들을 빼앗아 큰 전시회를 열었다. '불순한 그림'들이 무엇인가를 보여주기 위한 것이었다. 힐데브란트는 이 전시회 준비 작업에 앞장섰다. 히틀러는 당시에 전시된 그림을 불태울 것을 명령했다. 그러나 그는 일부를 빼돌렸다. 주간 포쿠스는 코넬리우스 구틀리트가 소장한 약 300여 점은 이때 전시된 작품들이라고 보도했다.

히틀러의 기준으로 소각될 뻔했던 그림은 현재 뛰어난 미술작품으로 평가되고 있다. 이 점은 한 사람의 안목만으로, 일방적으로 사물을 판단하는 것이 얼마나 위험한 것인가를 보여준다.

그런데 우리의 관심을 끄는 것은, 작품이 2년이나 늦게 공개되었다는 점이다. 그 이유는 무엇일까? 독일 당국은 목록이 알려질 경우 서로 주인이라고 주장하는 이들이 나서 대규모 소송이 벌어질 것을 우려했기 때문이다.

독일 당국은 왜 소송문제를 우려했을까? 여기에서 로버트 M. 에드셀과 브렛 위터가 지은 『모뉴먼츠 맨』을 번역한 박중서 번역가의 견해를 보자.

나치가 약탈한 미술품 중 상당수가 지하로 잠적해서 일종의 세탁 과정을 거쳤기 때문이다. 반세기쯤 지나면서 그중 일부가 경매장에 모습을 드러냈지만, 지루한 법정소송을 거쳐도 갖가지 이해관계가 뒤얽혔기 때문에 해결이 쉽지 않다는 것이다.

◇◇◇

이러한 문화재 약탈과 반환의 문제점은 우리나라에도 해당된다. 프랑스에 있는 외규장각 도서와 일본에 있는 조선 의궤가 정식 반환이 아니라 편법인 '영구대여'나 '기증' 방식으로 들어오게 된 것도 이런 어려움 때문이다.

그런데 히틀러의 문화재 약탈은 단기간의 것이었다. 이에 비해, 일본의 그것은 장기간에 걸쳐 행해졌다. 또한 도굴로 문화재가 약탈되었다는 점에 문제가 있다. 일본은 19세기 말과 20세기 초에 우리나라를 강점하며, 왕릉과 귀족의 무덤을 파헤쳤던 것이다. 그들은 소중한 우리 민족의 문화재들을 가져갔다. 그중에서 대표적인 유물이 고려청자이다.

저절로 시선이 가게 만드는 이 문화재는 고려 중기 무렵까지 만들어졌다. 조선시대에 들어와 고려청자를 만들 수 있는 기술은 계승되지 못했다. 조선시대 사람들은 자연히 비색의 아름다운 고려청자를 알 수가 없었다. 이렇게 잊혔던 고려청자가 다시 알려지기 시작했다.

고려청자를 알리는 계기는 19세기 말 일본의 침입 때문이었다. 1884년 초대 영국 영사로 서울에 부임한 칼스W. R. Carles는 개성에서 출토된 아름다운 고려청자(상감청자) 몇 점을 그의 책 『한국의 생활』에 소개하였다. 이것이 세계에 고려청자를 알린 최초의 일이었다.

칼스는 어떻게 고려청자를 알릴 수 있었을까? 조선시대 500년 동안 조선인들은 조상의 능묘를 파헤치지 않았다. 그것은 금기였다. 따라서 조선시대에 고려청자는 사라졌다. 그러나 1880년대에 들어서면, 일본의 조선에 대한 침략이 진행되고 있을 때였다. 칼스가 소개한 고려청자는 일본인의 도굴로 얻었을 가능성이 크다.

일본인들은 고려청자를 구하기 위해 개성 근처의 수많은 왕릉과 귀족의 무덤을 파헤쳤다. 그들은 일본군과 경찰의 힘을 배경으로 도굴을 하였다. 이러한 도굴은 일본인들에게 커다란 경제적 이득을 주었다. 1906년 조선에 있는 일본인들의 직업 일람표를 보면, 골동품을 취급하는 사람이 214명이나 되었다. 이들이 도굴된 한국 문화재를 일본으로 반출하는 역할을 했던 것이다. 그 가운데는 당연히 고려청자가 있었다.

도굴된 고려청자의 수집에 중심에 있던 인물이 바로 한국을 강제 병합했던 이토 히로부미伊藤博文였다. 그는 통감이 되어 서울로 부임하자, 도굴한 고려청자를 수집했다. 그는 조선을 침략하며 고려청자를 비롯한 우리나라의 문화재를 일본으로 가져가는 큰 죄악을 저질렀다. 어느 날 이토 히로부미는 고려청자를 고종高宗에게 선물했다. 그러자 고종은 "이것은 우리 것이 아니다."라고 하였다. 고종의 말은 우리 민족이 조선시대에 완전히 고려청자를 잊고 있었다는 것을 보여준다.

이토 히로부미는 환심을 사기 위한 정치적 목적으로 고려청자를 이용했다. 이토는 일본의 관리나 정치인들에게 한 번에 30점 또는 40점의 뛰어난 고려청자를 선물로 주었다. 미야케三宅長策라는 일본인은 "이토 공은 남에게 선물할 목적으로, 한때는 그 수가 천 점이 넘을 정도로 고려청자를 모았다."라고 하였다.

도대체 일본에 있는 고려청자의 수는 어느 정도일까? 국내의 전문가들은 대체로 4만 점으로 추측한다. 우리나라의 모든 박물관과 민간 소장의 고려청자는 약 2만 점으로 추산된다. 일본에 있는 고려청자의 숫자가 한국에 있는 것보다 2배나 많다. 이러한 방대한 규모는 일본의 도굴이 얼마나 가혹하고 집요했는지를 보여준다.

물론 고려청자만 일본으로 반출된 것은 아니었다. 문명상회라는 일본의 회사는 1934년부터 1941년까지 7회에 걸쳐 일본에서 개최한 『조선공예대전람회』를 통해 14,500여 점이나 되는 문화재를 반출했다. 이때 가져간 우리의 문화재들은 우리 조상들의 혼과 열정이 담겨 있는 보물들이었다. 이러한 우리 문화재의 탈취에는 조선총독부와 일본의 조선공예연구회, 국민미술협회, 일본의 귀족, 도굴꾼, 골동품 수집상들이 개입되어 있었다.

문화재 약탈의 구체적인 실태는 어떠했을까? 해방 이후인 1946년에 서울에 살았던 엄창익嚴昌翊이라는 골동품 가게 주인의 이야기를 들어보자. 이때는 일본이 물러가고 미군정美 軍政이 있을 때이다.

엄창익은 자기 가게에서 미군 헌병의 방문을 받았다. 미군 헌병은 손짓 발짓으로 "골동품이 산처럼 가득 쌓여 있으니 함께 가보자."라고 하였다. 엄창익은 호기심이 발동해 미군의 지프를 타고 남대문시장 건너편에 있는 5층짜리 건물의 지하실로 들어갔다. 그 건물은 일본인 사이토쿠 타로齊藤久太郎가 경영하던 금천대회관金千代會館이란 요릿집이었다. 해방 후 사이토쿠가 일본으로 도망가자 건물을 미군들이 창고로 사용하고 있었다.

건물의 지하실에는 쫓겨난 일본인의 집에서 미군이 압수한 고미술품들이 가득히 쌓여 있었다. 미군은 이 중 하나의 상자를 열며 그것이 무엇인지를 물었다. 거기에는 우리의 문화재들이 가득히 담겨 있었다. 엄창익이라는 골동품 주인의 예만 보아도, 일본으로 간 문화재가 얼마인지는 짐작하기가 쉽지 않다.

이와 관련하여, 오쿠라 타케노스케小倉武之助라는 일본인이 관심을 모은다. 그는 신라 고분과 가야 고분의 도굴품들을 1920년 무렵부터 패전 때까지, 돈으로 샀다. 그의 수집품 1천30점이 지금 도쿄 국립 박물관에 기증되어 전시되고 있다. 그중에서 도굴이 확실한 것을 들면 다음과 같다. 삼국시대 금관[傳 경남 출토], 금동관(2점, 전 경주와 울산 출토), 금동제 투각관모(전 창녕 출토), 금동제 신발 등이다. 또한 고려시대와 조선시대의 도자기들도 많이 있다. 여기에서 '전 어느 지역 출토'라는 것은 도굴꾼들이 말한 지역을 가리킨다. 이로 보면, 일본은 우리나라의 문화재를 약탈하기 위해 침략했다고 할 수 있다.

일본인의 도굴은 뜻밖의 상황을 낳았다. 그 예가 고려청자이다. 일본인이 빼앗아 간 고려청자가 전시되자, 유럽인들이 큰 감명을 받았던 것이다. 영국의 저명한 미술사가인 하니W. B. Honey는 "고려청자는 일찍이 인류가 만들어낸 도자기 중에서 가장 아름다운 것"이라고 하였다.

우리는 도굴된 문화재에 대한 반환 문제를 어떻게 처리해야 할 것인가? 1965년 한일협정을 체결했다. 이때, 일본에서 받은 문화재는 1,432점이었다. 정부는 4,400여 점의 반환을 요구했지만 일본은 돌려주지 않았다. 그러나 이러한 숫자는 빙산의 일각에 불과하다. 국외 소재 문화재재단은 일본에 있는 우리 문화재 6만 7,708점 중 환수된 것은 2015년까지 6,481점에 불과하다고 밝혔다.

정부와 관련 단체들은 우리 문화재가 도굴로 이루어진 것이라는 전제하에서 반환을 요구해야 할 것이다. 외교로 협상하며, 인내심을 가지고 문화재를 돌려달라는 요구를 지속적으로 하는 것이 필요하다.

◇◇◇

다시 히틀러로 이야기를 옮겨보고자 한다. 그의 점령국에 대한 통치정책은 단순했다. 그는 독일의 정책은 '첫째, 점령하고, 둘째, 통치하고, 셋째, 착취하는 것'이라고 강조했다. 그러나 이러한 야만적인 통치정책은 역사의 교훈을 읽지 못한 것이다. 비록 처음 강력한 힘에 의해 점령되어도, 압도적인 인구를 차지하는 피정복민들은 저항의 의지를 내심 가지게 된다.

이것은 가까운 중국의 예를 통해서도 알 수 있다. 고대古代에, 북중국에는 다섯 군데의 오랑캐胡가 침입하여 열여섯 군데의 나라가 존재하던 시대가 있었다. 다섯 군데의 오랑캐들은 중국인들을 점령하고 통치하고 착취했다. 그것은 폭력을 통한 수탈이었다. 그러나 중국인의 반항으로 이들은 단기간에 멸망하였다. 역사의 이치는 같다. 히틀러의 가혹한 지배는 각지에서 저항운동을 불러일으켰다. 프랑스의 레지스탕스가 대표적이다.

히틀러가 전쟁을 일으킨 1939년부터 1940년 사이에 독일은 파죽지세로 유럽을 점령해 나갔다. 1939년 9월에 독일군은 전차 부대를 동원해 폴란드의 기병대를 짓밟았다. 1940년 5월에 독일군은 난공불락을 자랑하던 프랑스의 마지노선을 돌파했다.

연합군은 독일군에게 밀려 해안에 고립되었다. 1940년 5월 26일~6월 4일까지 됭케르크 철수 작전(다이나모 작전)이 있었다. 영국은 처칠의 결단으로 독일 공군의 공격을 받으며 군대를 철수시켰다. 이때 영국군 22만 6천 명과 프랑스, 벨기에군 11만 2천 명은 최소한의 희생으로 영국으로 철수했다. 이 과정에서 영국의 어선, 화물선, 유람선, 요트 등 860척의 작은 배가 군인들을 구출하는 데 출동했다. 이 사건은 '작은 배들의 기적'이라고 불린다.

이제 유럽에서 나치 독일에 대항하는 국가는 영국만이 남아 있었다. 영국인들은 무섭게 뻗어나가는 독일의 군사력을 보며 공포를 느꼈다. 조지 6세 왕에게 캐나다 망명을 권유할 사람이 있을 정도였다.

히틀러는 영국을 점령할 수 없었다. 독일과 영국 사이에는 바다가 가로막고 있었기 때문이다. 1940년, 히틀러는 공군력을 동원하여 영국 국민을 공포에 빠뜨리고 주요 산업시설을 무력화시키려 하였다. 독일 공군은 1940년 7월부터 10월까지 격렬한 공습을 가했다. 사람들이 희생되고 건물들이 파괴되었다.

그러나 히틀러의 의도는 실패했다. 공중에서 가해지는 폭탄이 오히려 영국인들을 단결시켰다. 영국인들은 조지 6세 왕과 윈스턴 처칠을 중심으로 뭉쳤다. 이때, 그들은 다음과 같은 구호를 외치고 이를 행동으로 옮겼다.

"자유가 위험에 처해 있다. 우리 모두 힘을 다해 그것을 지켜내자."
"당신의 용기, 당신의 명랑함, 당신의 결단력이 우리들에게 승리를 가져올 것이다."
"침착하자. 그리고 하던 일을 계속하자."

공습이라는 혼란스러운 상황에서, 영국인들은 오히려 용기와 명랑함, 결단력을 가지고 대처했다. 여기에다 그들은 맡은 일을 그대로 하고자 했다. 영국인들의 이런 태도는 승리를 위한 발판이 되었다.

또한 영국은 비밀병기를 개발하여, 독일에 큰 타격을 주게 된다. 그것은 레이더Radar라는 방어용 무기였다. 레이더라는 말은 1940년부터 사용되기 시작했다. 레이더는 전파 탐지 및 거리 측정radio and ranging의 약자이다. 레이더는 높은 주파수의 전파(마이크로파)를 발사하여 물체에 반사되어 돌아오는 것을 탐지하여, 그 물체를 찾는 시스

템이다.

레이더를 가능하게 하는 원리는 1888년 독일의 하인리히 헤르츠(1857~1894)에 의해 발견되었다. 그러나 이를 실용화한 나라는 영국이었다. 영국 항공부 관리들은 영국 국립 물리연구소의 로버트 왓슨와트Robert Alexander Watson-Watt, 1892~1973라는 과학자를 주목했다. 그는 폭풍의 위치를 밝혀내기 위해, 전파를 이용하는 실험을 하고 있었다.

영국 항공부는 왓슨와트에게 적의 항공기 위치를 알아내기 위해 전파를 이용하는 아이디어를 개발하라고 권고했다. 왓슨와트는 다음과 같은 자신의 신념에 따라 레이더를 개발하려고 했다. '최고로 만들어야만 선보이겠다고 생각하면, 실제로 쓰일 기회는 절대로 오지 않는다.'

마침내 왓슨와트는 항공기 탐지에 사용되는 실용적인 레이더를 발명했다. 영국 정부는 레이더 장비가 전시戰時에 사용할 수 있다는 것을 알고, 이를 만들기 위해 수백만 파운드를 사용하였다. 1939년 영국에는 수십 개의 레이더 기지가 체인 홈Chain Home 망이라는 이름으로 설치되었다. 이 레이더 기지는 영국에서 극비리에 운용되었다.

독일에서 레이더 기술의 개발은 어땠을까? 레이더를 가능하게 하는 원리는 앞에서 본 것처럼, 독일의 하인리히 헤르츠가 먼저 발명하였다. 이를 바탕으로 독일에서는 워즈베르크 텔레풍겐사의 루돌프 크놀드가 1938년 레이더 기술의 주요 부분을 개발하였다.

그러나 독일에서는 유대인을 배척하고 있었다. 히틀러는 독일 전자 공학 계에 유대인이 너무 많다고 하며, 이들을 쫓아내고 있었다. 이에 따라 독일의 레이더 개발은 중단되었다. 1943년 영국의 레이더 성공이 독일에 알려졌을 때, 레이더 연구는 다시 재개되었다. 그러나 이때는 기술개발이 늦어, 독일은 레이더를 영국과 같이 실전에 배치

할 수가 없었다.

◇◇◇

그렇다면 히틀러의 공격으로 전세는 어떻게 되었을까? 히틀러가 폭격기를 출동시켜 영국을 공격했을 때, 독일은 2,000여 대의 항공기를 보유하고 있었다. 이에 비해 영국의 항공기는 900대였다.

수적으로 영국은 독일에 비해 2배 이상 항공기 숫자가 적었다. 그러나 영국 공군은 확실한 전략적 이점을 가지고 있었다. 앞서 말한 레이더 경보망이 있었기 때문이다.

레이더를 보고 독일 공군의 침략을 알아낸 사람들은 뜻밖에도 영국의 앳된 아가씨들이었다. 1940년 7월 9일부터 10월 31일까지 벌어진 영국과 독일의 항공전쟁은 영국의 승리로 끝났다. 이 승리의 견인차 역할을 한 것이 레이더였다.

영국 아가씨들은 레이더에서 독일 항공기가 영국의 영토에 접근하고 있다는 것을 보고, 이를 영국 공군에게 알렸다. 영국 항공기들은 기습공격으로 독일 항공기에 공격을 가하여 큰 피해를 주었다. 독일 항공기 조종사는 고도로 훈련된 비행사였다. 결국 영국 아가씨들이 독일 비행사들을 격추시켰던 것이다.

또한 영국 승리의 견인차 역할을 했던 것이 석유의 질이었다. 1930년대에 개발된 영국의 옥탄가 100의 가솔린을 연료로 하는 스핏파이어 전투기는 옥탄가 87의 합성석유를 연료로 하는 독일의 메서슈미트 전투기를 압도했다. 기동성에서 비교가 되지 않았던 것이다.

독일은 이 전쟁에서 대부분의 항공기를 격추당해 커다란 실패를 맛보았다. 이때 히틀러는 전쟁에서 처음 패했다. 이 전쟁은 중요한 의미를 갖는다. 이후부터 제공권을 영국과 미국이 장악했기 때문이다.

히틀러는 영국과 전쟁 중인 1941년 6월 22일에, 러시아와의 불가침조약을 파기하고 러시아에 대한 침략을 개시했다. 야만적인 아시아 문명의 위협으로부터 독일의 게르만 문명을 지키고, 유대인들의 세계주의가 만들어낸 공산주의를 박멸한다는 것이 공격의 명분이었다.

독일군은 처음에 러시아의 광대한 영토를 점령했다. 그러나 추운 겨울이 오기 전에, 러시아군을 굴복시킬 수가 없었다. 러시아는 우랄 산맥부터 시베리아 일대까지 공업기지를 건설하고 있었다. 이곳에서는 비행기와 탱크, 로켓과 같은 첨단무기가 만들어지고 있었다. 러시아와의 전쟁 중에, 히틀러는 부관에게 풀 죽은 목소리로 말했다. "러시아는 군사 장비가 좋아." 러시아는 폴란드가 아니었던 것이다.

1942년 여름부터 이듬해 2월까지 치열한 스탈린그라드 전투가 벌어졌다. 독일군은 산업 중심지이자 석유 공급로인 스탈린그라드를 점령하기 위해 수차례 공격했으나 패배했다. 러시아는 스탈린그라드의 트랙터 공장에서 트랙터가 아니라 탱크를 생산했다. 1942년 8월, 이곳의 기술자들은 20일 만에 신형 탱크 T34를 240대나 만들어냈다. 기술자들은 전투가 치열할 때는 직접 탱크를 몰고 나가 독일군에 맞섰다. 독일은 첨단무기를 가지고 있던 영국·러시아와 양면 전쟁을 수행하면서 어려운 국면으로 들어가게 되었다.

◇ ◇ ◇

1941년 12월 7일, 일본이 미국의 하와이 진주만을 기습 공격하였다. 독일은 4일 만인 12월 11일, 미국에 선전포고를 했다. 독일은 이때 일본과 연결되어 있었기 때문이다. 자연적으로 미국은 영국이 중심이 된 연합국에 참여하게 되었다. 미국의 연합국 참여는 독일에 엄청난 부담이 되었다.

'세계의 공장' 미국이 영국에 군수물자를 공급해주며, 비행기·항공모함과 같은 첨단무기로 독일을 공격하자, 전세는 서서히 연합국에 유리하게 전개되었다. 더욱이 독일이 영국과 전쟁을 하는 중에 러시아·미국과 전쟁을 한 것은 병법兵法의 기본을 무시한 것이었다. 그것은 양면전이며, 삼면전이었다.

　이때, 히틀러는 이렇게 외쳤다.

　　"나는 오직 한 가지, 때리고, 때리고, 또 때리는 일만을 알고 있을 뿐이다."

　히틀러의 비현실적인 점이 여실히 드러났다. 이러한 히틀러의 무모한 행동을 그의 심리적 측면과 관련하여 이해할 수 있다.

　미국의 정신분석가인 월터 C. 랑거는 제2차 세계대전 중에, 미국전략사무국으로부터 극비리에 히틀러에 대한 정신분석을 의뢰받았다. 랑거는 다른 세 명의 분석가와 함께 1941년부터 1944년 초까지 히틀러와 관계된 방대한 자료를 수집 검토하였고, 수많은 증인들을 면담하여 히틀러에 대한 정신분석학적 비밀보고서를 작성하였다. 랑거의 이야기를 들어보자.

　　"히틀러는 논리적이고 일관된 양식으로 사물을 생각하지 않으며, 그 문제에 해당하는 이용 가능한 정보를 모두 모으지도 않는다. 다른 방식으로 행동할 수도 있다는 것에 대해 생각하지 않고, 결정에 도달하기 전에 각각의 장단점을 고려해보지도 않는다."

　랑거의 분석은 히틀러가 강대국인 러시아와 미국에 대해 동시에 전쟁을 수행한 원인을 잘 설명해주고 있다. 히틀러의 잘못된 판단은 독일군에 엄청난 고통과 시련을 안겼다.

1942년 겨울에, 러시아를 침공했던 독일군은 곤경에 처해 있었다. 러시아 겨울의 가혹한 추위와 함께, 독일로부터 식량 보급이 없었기 때문이다. 독일군은 먹을 것이 없어 영양실조가 되어 갔다. 독일 본토로부터 식량 보급이 없자, 장교들은 회의를 하는 중에 전원이 권총으로 자살을 하기도 했다. 먹을 것이 없어 죽어갔던 것이다. 러시아군은 침체된 독일군을 공격했다. 이 전투로 독일군은 패배의 길로 들어섰다.

드디어 미국을 중심으로 한 연합국이 독일을 집중적으로 공격하면서, 히틀러에게 결정적인 타격을 가할 중요한 사건이 벌어졌다. 1944년 6월 6일, 아침이 다가오는 가운데 2,700여 척의 연합국 선박들이 프랑스의 노르망디에 조용히 접근하여, 15만 6,000명의 병력을 상륙시켰다. 독일군의 방어선은 무너졌으며 8월에는 파리가 수복되었다. 그 사이에 또 다른 연합군이 남프랑스에 상륙하여 북진하면서, 독일군은 더 이상 전세를 회복할 수 없었다.

독일은 해군력에서도 우위를 점하지 못해, 1943년 대서양 해전에서 패배했다. 전쟁은 이로써 연합국에 유리한 양상으로 전개되었다. 독일은 미국·영국과의 공중전에서도 완전히 패배해, 공중에서 무방비 상태가 되었다. 미국 공군은 낮 시간에, 영국 공군은 밤 시간에 독일의 주요 도시와 시설들을 집중 폭격했다.

특히 유서 깊은 도시인 드레스덴에 대한 공격은 독일인들을 전율에 떨게 했다. 1945년 2월 13일부터 2월 15일까지 영국 공군과 미국 육군항공대는 드레스덴에 대규모 폭격을 가했다. 네 번의 공습에서 3,000여 대의 폭격기와 1,300여 대의 대형 폭격기들이 650,000여 개의 소이탄과 3,900톤 정도 되는 고폭탄성 폭탄 등을 고색창연한 이 도시에 떨어뜨렸다. 2월 14일의 이른 아침에, 도시는 1,500도가 넘는 온도의 화재 폭풍에 휩싸였다.

폭격의 피해는 참담했다. 12,000채나 되는 집들이 파괴되고, 35,000명의 시민이 희생되었다. 이 도시의 사람들은 공포와 직면해야만 했다. 생존자인 마거릿 프러예는 이때의 참상을 다음과 같이 증언한다.

> "갑자기 나는 오른쪽에서 다시 사람들을 볼 수 있었다. 그들은 겁에 질렸고 손짓으로 무언가를 말하려고 했다. 그다음에 나는 그들이 스스로 순서대로 하나씩 쓰러지는 것을 보았다. 나는 공포를 느끼고 놀랐다. 그들은 졸도했고 곧 불에 타서 재로 변했다. 나는 훗날 그 불쌍한 사람들이 산소 부족으로 죽었다는 것을 알게 되었다."

또 다른 생존자인 로타르 메츠거는 도시를 이렇게 묘사했다.

> "조그만 아이 크기만큼 타버린 어른 시체, 팔과 다리 조각들, 불타서 죽은 가족, 몸에 불이 붙은 채 저편으로 달려가는 시민들…… 나는 이 끔찍한 장면들을 잊을 수가 없다. 나는 절대로 잊을 수가 없다."

영국과 미국은 가공할 공습으로 독일인들에게 전쟁을 포기시키려 했던 것이다.

◇◇◇

히틀러는 여기에서 전쟁을 끝내야 했다. 그것이 독일을 보호하고 독일인들을 살리는 최선의 길이었다. 그는 결코 포기하지 않았다. 오히려 히틀러는 전쟁을 독려하고, 모든 것을 파괴 속으로 밀어 넣었다. 이런 히틀러의 행태는 도대체 어디에서 비롯되었을까?

히틀러는 인도네시아에 있는 원숭이와 비슷한 행태를 보였다. 인도네시아 원주민들은 원숭이를 손쉽게 잡는다. 원숭이는 아주 민첩하다. 그들은 어떻게 원숭이를 쉽게 잡을까?

원주민들은 큰 나무나 단단한 흙더미에 작은 구멍을 만든다. 그러고는 그 안에 원숭이가 좋아하는 음식을 놓는다. 원주민은 조금 떨어진 곳에 숨어서 원숭이가 오기를 기다린다. 음식이 있다는 것을 안 원숭이는 구멍 속에 손을 넣어 음식을 꺼내려고 한다. 그렇지만 음식을 손에 꽉 움켜잡고 있어서 주먹이 구멍에서 빠져나오지 않게 된다. 사람이 다가가도 여전히 손을 움켜쥐고 소리만 지르며, 도망가지 못한다. 마침내 원숭이는 잡혀서 음식이 되거나 팔려나간다.

히틀러는 이런 원숭이와 같았다. 그는 게르만족이 최고이며 최선이라는 헛된 이상에 사로잡혀 있었다. 절대로 이 망상에서 빠져나가지 않고, 망상을 쥐고 있었다. 결국 원숭이와 같이, 히틀러는 물러서지 않고 연합국의 먹이가 되었다.문제는 그를 따르는 사람이 너무나 많았다는 점이다. 독일인들은 참담함과 치욕을 맛보게 되었다.

히틀러는 현실을 잊고 싶었다. 전황이 불리해진 1943년 이후에, 히틀러의 주치의인 모렐은 히틀러에게 주사를 놓기 시작했다. 모렐은 이 주사에 '암페타민'을 첨가하였다. '엑스터시'라고 불리는 암페타민은 교감신경계를 자극하고 맥박을 증가시키며, 기운을 불러일으킨다.

히틀러는 1944년, 이탈이아의 독재자인 무솔리니에게 다음과 같이 말했다.

> "나는 기진맥진해 있었으나, 모렐에게 주사를 맞고 난 후로는 기운이 왕성해졌습니다."

독일의 패색이 짙어지면서 히틀러가 맞는 주사의 횟수도 늘어났다. 그는 하루에 5번이나 주사를 맞았으며, 약의 양은 8배로 늘어났다. 이 치료법은 비밀이었다.

또한 기싱이라는 의사가 히틀러의 코를 치료하기 위해 코카인이 든 마취제를 사용했다. 히틀러는 이 처방을 아주 좋아했다. 그는 매일 쓰던 안약에도 코카인을 넣었다. 하루 6방울을 넣다가 뒤에는 13방울까지 늘렸다.

코카인을 정기적으로 복용하면 뇌에 마비가 일어나 성격 파탄, 환각, 환청을 일으키게 된다고 한다. 독일이 이런 사람에 의해 지배되고 있었으니, 독일 국민의 미래는 불을 보듯 뻔했다.

3장 —————— 히틀러와 유대인

히틀러가 가장 가혹하게 다룬 사람들은 유대인이었다. 유대인은 고대에 중동의 팔레스타인에서 살았다. 유대인은 『성경』의 구약을 믿으며 예수를 예언자로서 인정할 뿐, 하느님의 아들로 보지 않는다. 예수의 활약을 기록한 『성경』의 신약을 인정하지 않는 것이다. 유대인은 서기 70년 무렵 로마제국에 의해 추방되어, 유럽 각지로 유랑하게 되었다. 이렇게 떠돌며 살며, 유럽에서 그들은 놀라운 모습을 보였다.

유대인 거상 로스차일드 가문은 18세기와 19세기에 유럽에서 가장 돈이 많은 부자였다. 유대인으로 물리학의 아인슈타인, 심리학의 프로이트는 세계적인 학자가 되었다. 유대인들은 선망 받는 직업에 높은 비율로 진출했다. 예를 들어 20세기 초에 오스트리아 수도인 빈의 의사, 변호사 가운데 절반가량이 유대인이었다. 1퍼센트도 안 되는 유대인이 고급 직업의 반을 가지고 있었던 것이다. 당연히 기존에 살던 토착인인 오스트리아인, 독일인 들은 유대인들을 시기하고 질시했다.

◇◇◇

히틀러 치하인 1935년 9월에 독일에서 뉘른베르크 법이 제정되었다. 이 법은 유대인의 시민권을 말살하는 법이다. 이를 통해서 게르만인(아리아인)과 유대인 간의 결혼이 금지되었다. 나치는 이 법안에서 한 사람 이상의 (외)조부모가 유대인이면, 즉 피가 4분의 1이 섞여 있으면 4분의 1 유대인이라고 규정했다.

1938년 히틀러는 오스트리아 나치당과의 협상으로 오스트리아를 손쉽게 병합했다. 이에 따라 오스트리아에 있던 유대인들도 나치 독일의 수중에 들어가게 되었다.

나치는 독일과 오스트리아에 있던 유대인들을 감옥에 가두고 수용소로 보내기 시작했다. 그리하여 해외로 망명하려는 유대인의 대열이 끝없이 이어졌다. 이 무렵을 전후하여 알베르트 아인슈타인Albert Einstein · 지크문트 프로이트Sigmund Freud 등과 같이 뛰어난 유태계 독일인과 오스트리아인의 망명이 이어졌다.

최근에 히틀러 치하 유대인에 대한 박해가 노벨상 수상을 계기로 알려지는 일이 있었다. 2013년 '다중척도 모델링'으로, 노벨 화학상을 수상한 마르틴 카르플루스Martin Karplus 하버드대 교수가 그 주인공이다. 카르플루스는 1930년 오스트리아 빈의 유대인 가정에서 태어났다. 카르플루스는 8살 때인 1938년에, 나치 독일이 오스트리아를 점령하자 간신히 조국을 탈출했다.

그는 2006년에 발표한 자서전에서 이 시기를 이렇게 회고했다.

1937년 친구들은 갑자기 나와 그 어떤 것도 하려고 하지 않았다. 내가 계속해서 그들과 함께 공부하고 놀려고 하자, 나를 '더러운 유대인 소년'이라고 놀리기 시작했다. 나치 독일군이 오스트리아로 들어온 1938년 3월 나는 어머니, 형제들과 함께 스위스로 탈출했다. 하지만 아버지는 탈출하지 못하고 빈 교도소에 갇혔다. 아버지는 일종의 인질로 붙잡히셨다. 우리 가족은 재산을 한 푼도 오스트리아 밖으로 가져갈 수 없었다.

오스트리아 아이들은 유대인 소년 카르플루스와 일체 상대하지 않으려 했다. 이때 그들의 나이는 7살이었다. 어린 나이에 그들은 카르플루스를 유대인이라는 이유로 놀렸다. 이것은 틀림없이 어른들이 아이들에게 그렇게 대하도록 시킨 것이다. 오스트리아 아이들은 어린 나이에, 사람에 대한 편견을 가지게 되었던 것이다.

그러나 세월이 흘러 카르플루스는 세계적인 이론화학자가 되었다. 그는 분자와 원자 구조에 대한 '카르플루스 함수'를 개발했다. 1937년에 더러운 유대인 소년으로 배척받았던 카르플루스가 2013년에, 노벨 화학상을 차지한 세계적인 화학자가 되었다. 아마도 카르플루스가 차별과 탄압을 받지 않고 오스트리아에 있었다면, 그는 오스트리아를 빛내는 과학자가 되었을 것이다.

카르플루스만이 아니었다. 세계적인 과학자인 아인슈타인과 심리학자인 프로이트도 나치의 탄압을 피해 독일과 오스트리아를 탈출했다. 히틀러 치하의 독일과 오스트리아는 유대인을 배척함으로써 보석과 같은 인물들을 잃어가고 있었다.

아이러니한 것은 히틀러의 가계이다. 2010년 저널리스트인 진 폴 뮬더Jean-Paul Mulder와 역사학자 마르크 베미렌Marc Vermeeren은 히틀러의 친척 39명으로부터 수집한 DNA 감정을 통해, 히틀러의 조상은 유대인과 북아프리카에 살던 사람들의 혼혈일 가능성이 크다는 결과를 발표했다. 이 결과에 따르면, 히틀러의 조상은 게르만인과는 아무런 관련이 없다. 그는 뉘른베르크 법에 따르면, 박해를 받을 가능성이 컸다.

가혹한 히틀러의 유대인 말살 정책은 유대인에게 이루 말할 수 없는 시련을 안겨주었다. 히틀러는 유대인이 기생충에 불과하다며, 이들을 없애자고 했다. 그러나 그 대상이었던 유대인은 모두 감정을 가지고 고통을 느끼는 사람이었다. 유대인은 생존을 모색했다.

그 대표적인 인물이 히틀러 치하의 숨 막히는 생활을 진솔하게 써, 감동을 주었던 안네 프랑크Anne Frank이다. 나치는 유대인에게 가슴에 노란 별을 붙이게 하더니, 강제수용소로 끌고 갔다. 안네 가족은 유대인을 잡아가는 나치를 피해 네덜란드의 은신처에서 숨어 지냈다.

안네 가족은 아빠가 소유했던 회사의 한쪽에 비밀은신처를 만들고, 절대로 밖으로 나가지 않았다. 그들은 회사 사람들에게 소리가 들릴까 봐 화장실에서 물을 내리지 못하며, 자신을 숨기기 위해 온갖 노력을 했다. 열네 살 소녀 안네는 학교는 물론 밖으로 외출도 할 수 없었다. 그녀는 이러한 답답한 생활을 일기를 쓰며 달랬다. 안네가 일기를 쓴 또 다른 목적은 나중에 나치가 패망한 후에, 숨어 지내던 유대인의 실상을 알리기 위해서였다.

사실 안네보다 더한 고통을 받은 유대인이 많았다. 이들은 기록을 남기지 못했다. 그러나 우리는 『안네의 일기』를 통해서 그 고통을 확연히 알 수 있다. 기록이 가지는 중요성을 이 일기가 증언한다.

1943년 4월 27일 화요일.
공습은 날마다 격렬해지고 있습니다. 하룻밤도 조용한 날이 없습니다. 잠이 부족한 탓에 눈가에 검은 기미가 생겼습니다. 식량 사정도 심각합니다. 아침 식사는 말라비틀어진 빵과 대용커피, 저녁 식사는 시금치나 양상추뿐입니

다. 이런 상태가 이주일 동안이나 계속되고 있습니다. 감자는 길이가 20cm
나 되지만, 썩은 맛이 납니다. 다이어트를 원하시는 분은 누구라도 은신처로
오세요.

숨 막히는 생활과 심각한 식량 부족을 재치 있게 묘사한 안네는
사진에서 보면, 귀엽고 해맑다.

안네가 죄를 지은 것은 없었다. 단지 유대인이라는 이유로 그녀는
고통스럽게 지내야만 했다. 안네 가족은 누군가의 밀고로 은신처가
발각되었다. 안네 가족은 강제수용소로 끌려가야만 했다. 안네와 엄
마, 언니는 죽고 아빠만 간신히 살아남았다.

『안네의 일기』가 일본에서 주목받고 있다. 2014년 2월에 도쿄 시
내의 스기나미 구립도서관 13곳 중 11곳에서『안네의 일기』 119권
이 고의로 찢긴 사건이 있었다. 이 사건은 일본 내 극우단체들의 활
동과 관련된 것으로 보인다. 일본 극우세력은 나치의 박해를 피해 숨
어 살던 안네의 체험기인 이 책이 조작된 것이라고 주장하고 있다.
안네가 격렬한 공습 속에서 썩은 맛 나는 감자를 먹었다는 것을 조
작해 쓸 이유는 없다. 일본 극우세력의 조작설은 근거가 없다.

일본 극우단체들 가운데 '재일 한인의 특권을 허용하지 않는 시민
모임(재특회)'은 한국인 밀집 지역에서 '조센징 돌아가라.' '한국인을
죽여라.' 같은 구호를 외치며 시위를 벌인다. 또한 재특회는 히틀러
를 다시 등장시키고 있다. 재특회 홈페이지에, 2014년 '4월 20일'의
이벤트는 '히틀러 탄생 125주년 파티'다. 여기에 '위대한 총통 각하가
탄생한 날 와인을 마시며 이야기하자.'고 쓰여 있다.

일본 극우단체의 히틀러 예찬은 문제가 있다. 히틀러는 독일과 이웃 나라에 살고 있던 사람들의 눈물과 한숨을 외면했기 때문이다.

◇◇◇

안네와 같이 힘든 세월을 보낸 이가 있다. 벨기에 출신의 영화배우 오드리 헵번Audrey Hepburn이다. 헵번은 영화에서 청순한 이미지와 연기로 수많은 사람들의 심금을 울렸다. 그녀도 이 무시무시한 나치 아래, 안네와 같이 네덜란드에서 소녀 시절을 보내야만 했다.

헵번은 어느 날, 우연히 유대인들이 끌려가는 장면을 목격하게 되었다.

> "기차역에 몇 번 가본 적이 있어요. 네덜란드의 다른 곳에서는 어떤 일들이 일어나는지 소식을 듣는 방법인데요. 기차가 설 때 사람들이 창밖으로 고개를 내밀고 하는 말들을 주워듣는 겁니다."

그때 헵번은 강제수용소로 이송되는 네덜란드계 유대인들을 보았다. 유대인들은 포장 덮인 트럭에서 내려져서 화물칸으로 밀어 올려졌다.

> "나는 아주 선명하게 기억하고 있어요. 플랫폼에 부모와 함께 서 있는 어린 소년이 있었어요. 머리는 진한 금발이었고 몸에 맞지 않게 너무 큰 코트를 입고 있었어요. 그러고는 기차 속으로 올라갔어요. 나는 한 어린이를 관찰하는 어린이였어요."

세월이 흐른 뒤에, 헵번은 『안네 프랑크의 일기』를 읽었다. 이때 헵번은 그 시절의 기억이 밀려왔다. 발각되면 죽을지도 모르는 상황을 겪어야 했던 안네를 떠올리며, 헵번은 숙연해졌다. 기약 모르는 죽음의 길로 떠나야 했던 금발의 소년과 안네가 겹쳐 보였기 때문이다.

1959년, 이 책을 영화로 만들 때였다. 헵번은 안네 프랑크의 역할을 해달라는 제안을 받았다. 헵번은 "나는 성인聖人을 이용하여 돈을 벌고 싶지 않아요."라며 단호하게 거절했다. 그녀가 이렇게 안네의 역할을 거절한 데에는 자신의 아픈 체험이 있었다.

안네가 숨어 지낼 때, 헵번 역시 전쟁으로, 힘든 세월을 버티고 있었다. 살던 집에서 쫓겨나 거리를 헤맸다. 그녀는 1944년에 하루를 식사 한 끼로 버텨야 했다. 야생풀로 만든 멀건 스프와 완두 꼬투리를 갈아 만든 젤리 모양의 빵 같지 않은 빵이 유일한 식사였다. 연료도, 비누도, 양초도, 마실 물도 없었다.

그녀는 영양실조가 되어 갔다. 빈혈이 생겼고 혈액순환이 잘되지 않아 다리의 혈관이 막혔다. 학업과 무용을 포기해야만 했다. 거기에 정신적인 충격까지 받았다. 어느 날 유명한 판사였던 삼촌이 게슈타포(나치의 비밀경찰)에게 연행되는 것을 목격한 것이다. 삼촌은 네덜란드의 지하 레지스탕스가 독일군을 공격한 후에 보복으로 처형되었다.

헵번은 회상한다.

"그 시절 나는 내 자신에게 말하곤 했어요. 이 전쟁이 끝나면 나는 다시는 어떤 것에 대해서도 불평하지 않겠다고요."

그녀는 살아가는 동안 이 다짐을 지켰다.

 나치 치하에서 끌려가던 어린 소년은 진한 금발 머리였다. 안네는 해맑은 미소를 가진 소녀였다. 이들에게서 히틀러가 이야기하는 더럽고 비열한 유대인의 이미지는 없다. 이와 관련된 이야기가 2014년 7월에 공개되었다.

 1935년 독일 베를린에 살던 유대계인 레빈슨 부부는 6개월 된 딸을 데리고 사진관에 가 사진을 찍었다. 이때 나치는 반유대주의를 선전하고 있었다. 나치는 게르만 민족의 우월성과 유대인의 열등함을 강한 어조로 선동하고 있었다. 가수였던 레빈슨 부부는 일자리를 찾아 7년 전 라트비아에서 베를린으로 이주했다. 하지만 레빈슨은 유대인이라는 이유로 직장인 극장에서 쫓겨났다. 그 이후 외판원으로 간신히 먹고살았다. 가족의 미래가 불안했던 레빈슨 부부는 예쁜 딸의 모습을 사진으로 남기고 싶었다.

 레빈슨 부부는 몇 달 후, 나치가 발간하던 잡지를 보고 깜짝 놀랐다. 그 표지에 '완벽한 아리아인(게르만인) 아기'라는 제목과 함께 딸의 사진이 실렸던 것이다. 레빈슨은 바로 사진관으로 뛰어갔다. 그런데 사진관 주인 한스 발린은 이 사실을 알고 있었다. 발린이 나치가 주최한 '예쁜 아리아인(게르만인) 아기 선발대회'에 사진을 제출했기 때문이었다. 영국에서 발간되는 일간 텔레그래프에 따르면, 나치를 좋아하지 않았던 발린이 "나치를 골려주기 위해 유대인인 당신의 아기 사진을 일부러 출품했다."라고 이야기했던 것이다.

 발린의 의도는 성공했다. 이 사진은 선발대회에서 1등을 차지했다. 당시 심사를 맡았던 사람은 히틀러의 최측근이었던 나치의 선전장관 파울 요제프 괴벨스였다. 괴벨스는 독일 전역에서 온 아기들의 사진 가운데 아리아인(게르만인)의 뚜렷한 특징을 가지며 건강한 아이로 레빈슨 부부의 딸을 뽑았다.

　문제는 이 아이의 사진이 널리 알려짐에 따라, 레빈슨 부부가 애가 탔다는 것이다. 왜냐하면 나치가 열등 민족이라며 지목한 유대인을 이상적인 게르만인이라고 선전한 것이 되었기 때문이다. 만약 이 아이의 정체가 밝혀진다면, 부부는 강제수용소로 끌려갈 것이 뻔했다. 그래서 부부는 딸을 집 안에서만 키워야 했다. 결국 레빈슨 부부는 딸을 데리고 라트비아를 거쳐 파리로 탈출했다. 파리마저 나치에게 점령되자 그들은 다시 쿠바로 도망쳤고 1949년 미국에 정착했다.

　이렇게 80년간 묻혀 있던 비밀이 최근 사진 속 주인공의 고백으로 밝혀졌다. 미국 뉴욕의 한 대학에서 화학 교수로 있는 헤시 태프트가 바로 그 아기였던 것이다. 태프트는 독일 일간지 빌트와의 인터뷰에서 "지금은 그때 일로 웃을 수 있지만, 당시 내가 유대인이라는 사실이 발각됐다면 이 자리에 없을 것"이라고 말했다.

◇◇◇

　그런데 히틀러는 아이들이었던 안네 프랑크와 오드리 헵번과는 전혀 다른 생활을 했다. 히틀러는 1936년 말에 오스트리아의 알프스산맥에 있는 베르히스가덴에 새로운 별장인 '베르크호프'를 지었다. 그는 전쟁에 패할 무렵까지, 이곳에서 많은 시간을 보냈다.

　히틀러는 자신을 보통 사람처럼 보이려 했지만 실제는 그렇지 않았다. 새로운 별장에서 히틀러는 페르시아 양탄자와 희귀한 태피스트리7)와 미술품을 수집했다.

　그의 식사에 쓰이는 식기는 고급스러운 드레스덴 도자기였다. 나

---

7) 태피스트리tapestry: 여러 가지 색실로 그림을 짜 넣은 직물.

이프와 포크 같은 식탁용 날붙이는 모두 은으로 만들어져 있었다. 별장에는 손님용 침실이 14개나 있었는데, 방마다 히틀러의 초상화와 그의 저서인 『나의 투쟁』이 비치되어 있었다.

2014년에 들어와, 히틀러를 옆에서 지켜보았던 사람의 증언이 나왔다. 히틀러의 별장에서 가정부로 일했던 엘리자베스 칼 하머가 그 주인공이다. 칼 하머는 69년 만에 히틀러의 숨겨진 모습을 증언했다.

> 별장에는 22명의 가정부가 근무했어요. 나는 히틀러를 위해 차 끓이는 일을 했어요. 히틀러는 아침 늦게 일어났지요. 오후 2시가 되어서 일어날 때도 있었어요. 그리고 새벽 2시 무렵에 잠을 잤지요. 그는 영화를 무척 좋아해 별장에 있는 개인 영화관에서 영화를 보았지요. 산책은 항상 했어요.
>
> 히틀러는 요리사가 짜준 식단대로 식사를 하고 미지근한 물을 마시며 건강에 신경을 썼어요. 그러나 그는 실제로 식탐이 있었어요.
>
> 그는 초콜릿, 과자와 같은 달콤한 음식을 아주 좋아했어요. 우리들은 히틀러가 별장에 머무를 때는 매일 밤, 사과·건포도·견과류 등을 넣은 달콤한 '히틀러 케이크'를 구웠어요. 그는 아이처럼 느닷없이 부엌에 들어와 케이크를 찾았지요.

히틀러는 채식을 하며 술도 마시지 않는 금욕적인 인물로 알려져 있다. 뜻밖에도 히틀러는 부엌에까지 들어와 케이크를 찾았던 것이다.

별장에서 히틀러는 자기 마음대로 지냈다. 손님들과 식사를 할 때는 주로 세계정세를 주제로 이야기했다. 식사를 마친 후에는 차를 마시며, 역사와 예술에 대해 대화하기도 했다. 그는 지독한 결벽증이 있었다. 자신의 위생에 철저해, 매일 아홉 차례나 샤워를 할 정도였다.

히틀러는 이 별장에서 자신의 규칙을 지킬 것을 요구했다. 이것을 보면 그가 얼마나 자기 본위의 인물이었는지를 알 수 있다.

1939년에 히틀러가 별장 손님들에게 내린 지시 사항

- 총통을 부르거나 총통에 대해 이야기할 때는 항상 '총통'이라는 호칭을 써야 하고, 히틀러 씨나 그 밖의 칭호는 절대로 쓰면 안 된다.
- 여자 손님은 화장을 지나치게 하지 말아야 하며, 손톱에 매니큐어를 발라서는 절대 안 된다.
- 손님들은 식사 시간을 알리는 종이 울린 뒤 2분 안에 식당에 도착해야 한다. 총통보다 먼저 식탁에 앉거나 식탁을 떠나서도 안 된다.
- 손님들은 총통이 남아 있으라고 특별히 요구하지 않는 한 오후 11시에는 침실로 물러가야 한다.

히틀러는 규칙을 만들어 별장을 방문하는 사람들에게 지키도록 요구했다. 안네가 생존을 위해 은신처에 있을 때, 히틀러는 그만의 규칙을 만들어 군림했던 것이다. 이와 관련하여 공감 능력이 주목된다. "사람에게 권력과 부가 분에 넘치게 주어지면 공감 능력이 떨어진다."는 실험 결과가 있다.

히틀러는 이 실험 결과가 맞음을 보여주고 있다. 히틀러는 분에 넘치는 권력을 가졌다. 이 점은 독일 국민 모두가 "하일 히틀러"를 인사법으로 했다는 것에서 알 수 있다.

그렇다면 히틀러는 부를 가졌을까? 그는 억만장자였다. 히틀러가 썼다고 알려진 『나의 투쟁』은 나치 독일에서 베스트셀러였다. 히틀러 집권 시기에 이 책은 1,000~2,000만 부 팔렸다고 한다. 나치는 이 책을 학생과 군인에게 무료로 주었다. 신혼부부에게도 이 책을 선물로 주었다. 책값은 국가의 예산에서 지출되었다. 그는 『나의 투쟁』에 대한 인세印稅로, 1936년 무렵부터 그가 몰락한 1945년까지 150만에서 200만 마르크를 벌어들였다. 이 돈은 당시의 구매력으로 본다면, 오늘날의 7배가 되는 가치였다. 히틀러는 여기에 대한 세금을 내지 않았다.

『나의 투쟁』은 히틀러의 생각을 밝힌 책이다. 이 책과 관련하여 이응준 소설가는 다음과 같이 썼다.

> 내게는 가끔 산책이라도 하듯 뒤적이는 책이 몇 권 있다. 그러한 신약성경과 대반열반경大般涅槃經 사이에 생뚱맞게 자리 잡고 있는 『나의 투쟁』은 전 세계를 전쟁의 불구덩이로 몰아넣은 아돌프 히틀러가 직접 쓴 책이다. 나치 파시즘의 '경전'으로 꼽히는 이 책에는 오스트리아 하급 세관원의 아들로 태어나 독일의 총통이 된 히틀러의 일생과 그의 지옥 같은 내면이 고스란히 담겨 있다.
>
> 사실 내가 『나의 투쟁』을 되풀이해 읽는 것은 미학적 측면 때문이다. 파시스트의 문장은 선악의 판단을 떠나 아름답게 다가온다. 비논리적이지만 단호한 어투와 열정이 증오심 넘치는 한 인간의 내면에 아로새겨져 있는 것이다.
>
> 인간은 빛으로 나아갈 것 같지만 정작 어둠에 더욱 매혹되며, 천국의 시민으로 살고 싶어 할 것 같지만 도리어 지옥의 왕이 되고 싶어 한다. 파시즘이 아름답게 보이는 것은 인간이 신에게 기대지 않고 직접 신의 말을 하기 때문이다. 우리 인간들의 내면에 도사린 어둠이다.

신의 말을 하는 히틀러는 이미 다른 사람들과 공감할 수 없었다. 분에 넘치는 권력과 돈이 그의 뒤에 있었다. 히틀러는 공감 능력이 부족했던 것이다.

공감이란 무엇인가? 그것은 상대의 마음을 알아주는 것이다. 상대가 무엇을 원하는지 알게 되면, 공감 능력은 자연스럽게 향상된다고 한다. 상대가 마음이 아프다고 하면 그의 아픈 것을 이해하고, 힘들다고 하면 그의 힘든 것을 풀어주려고 노력하는 것이다. 결국 공감은 자기중심에서 벗어나 주변의 이야기와 상대의 말을 귀담아 듣는 것이다. 공감 능력을 키운 사람은 대화와 인간관계에 있어서 문제를 풀어갈 수 있는 능력을 가지게 된다고 한다.

히틀러는 이런 점에서 분명히 문제가 있었다. 그는 반면교사反面敎師의 본보기였다. 반면교사란 무엇인가? 그것은 한 사람의 부정적인 면이, 가르치는 교사(선생님)가 될 수 있다는 뜻이다. 히틀러는 그래서는 안 된다는 본보기를 잘 보여주는 인간이었다.

여기에서 『공감하는 능력』을 쓴 로먼 크르즈나릭의 이야기를 들어보자.

> 공감은 자신의 관심사가 다른 모든 사람의 관심사가 아니며, 자신의 필요사항이 다른 모든 사람의 필요사항이 아니라는 것을 깨닫는 것입니다. 그리고 모든 순간마다 어느 정도는 타협을 해야 한다는 사실을 끊임없이 깨닫는 것입니다. 나는 공감이 최대한 충만하게 살기 위한 방식이며 끊임없이 발전하는 방식이라고 봅니다.

크르즈나릭의 공감에 대한 정의에 따르면, 히틀러는 이와 거리가 멀었다. 그는 자신의 관심사가 다른 모든 사람의 관심사가 되어야만 했다. 또한 어느 정도는 타협해야 한다는 사실을 깨닫지 못했다. 그러기에 히틀러는 "나는 오직 한 가지, 때리고, 때리고, 또 때리는 일만을 알고 있을 뿐이다."라고 외쳤던 것이다. 공감 능력의 부족이 유대인에 대한 무차별적인 공격으로 나타났다.

◇ ◇ ◇

공감 문제가 우리 사회에 심각한 문제로 대두하고 있다. 우리 사회는 공감과 관련되어 어느 정도의 상황에 있을까? 2010년 '세계가치관 조사'에서 '자녀의 교육에 있어서, 다른 사람에 대한 관용과 존중이 중요하다고 생각하십니까?'란 질문이 있었다. 한국 응답자의 40% 만이 관용과 존중을 자녀 교육에 있어서 중요한 덕목으로 답변했다. 이 수치는 52개국 조사국 중 가장 하위였다.

이것은 심각한 문제이다. 관용은 남과 나의 다름을 인정하는 것이다. 그리하여 남의 잘못을 너그럽게 받아들이거나 용서하는 것이다. 존중 역시 남을 높이어 귀중하게 대하는 것이다. 결국 관용과 존중은 공감 능력을 말한다.

이런 공감 능력이 부족하게 되면, 당연히 남의 아픔을 무감각하게 보고, 심지어 비웃기까지 하게 된다.

왜 이렇게 우리 사회가 공감 능력에 있어서, 최하위의 상황이 되었을까? 그것은 무엇보다 우리 사회가 지나친 경쟁을 추구한다는 점이다. 치열한 경쟁의 시작은 학교에서 시작된다. 한국의 대학생들은 이런 상황을 다음과 같이 이야기한다.

> 중학교와 고등학교 시절에 다른 친구보다 성적이 좋아야, 좋은 학교에 가고, 이것은 성공으로 이어진다. 그러므로 내 주위의 친구를 경쟁상대로 느끼게 된다. 심지어 내 주위의 친구가 이겨야 되고, 밟아야만 되는 대상으로 보이기까지 한다.

이와 관련되어, 양상훈 조선일보 논설주간은 '대학 서열화의 저주이제 끝내자'라는 글에서 다음과 같이 말하고 있다.

> 우리나라의 입시 지옥과 취직 지옥은 사람이 자식을 낳겠다는 본능마저 주저하게 만드는 지경에 이르렀다. 입시 지옥의 근원은 대학 서열화다. 어느 나라든 좋은 대학이 있다. 그러나 우리처럼 1등부터 끝까지 철저하게 서열화된 나라는 없다. 어느 등수 밖의 대학으로 나간 사람들에게 세상은 자기와는 상관없는 '그들만의 리그가 된다.' ……

우리는 수십 년 동안 매년 수십만의 젊은이들을 하찮은 시험 성적으로 줄 세우고 '너는 안 돼'라는 낙인을 찍어 내동댕이쳐 왔다. 그것이 업業이 되고, 언젠가 보복을 하지 않는다면 이상한 일이다. 사회에 창의와 활력이 사라지고, 소외된 이들의 쇳소리가 끊이지 않더니 마침내 서출산이라는 대재난이 우리를 근본부터 뒤흔들고 있다. …… 그들에게 진심으로 위로를 전하며 교육제도와 풍토를 근본적으로 바꾸는 용기 있는 혁신이 나오기를 고대한다.

우리 사회는 입시경쟁으로 병들어 가고 있다. 왜 이렇게 되었을까? 근본적인 원인은 사회구성원의 선입견이다.

좋은 학교·대학에 가면, 사람들은 그에 대한 인간적인 면과 능력에 대해 높은 평가를 한다. 이것은 성공으로 이끄는 지름길이 된다. 반면에 좋지 않은 학교나 대학에 들어가면, 사람들은 그에 대한 인간적인 면과 능력을 하찮은 것으로 본다.

문제는 이러한 인간에 대한 평가가 10대 후반 한두 번의 진학 결과로 이루어진다는 것이다. 그것이 인생이 된다. 20대부터 늦게 깨달은 사람이 아무리 노력하더라도, 대개는 그의 인간적인 면과 능력이 제대로 평가되지 않는다. 학벌은 현대의 신분이 된 것이다. 이런 학벌이라는 관념이 나온 나라는 근대의 일본이었다. 우리나라는 일본의 식민지 시대를 거치면서 그 학벌의 관념을 그대로 따랐던 것이다.

조선시대만 하더라도 학벌은 없었다. 성균관이라는 국립대학이 있었으나, 공부에 뜻을 둔 모든 사람들이 성균관에 간 것은 아니었다. 조선을 대표하는 위인인 세종대왕과 충무공 이순신은 학벌과 관련이 없었다. 그들은 사회와 국가에 큰 공헌을 했다.

근대에 들어와 일본의 식민 지배를 받으며, 우리는 약 100여 년간에 걸쳐 학벌이라는 관념을 만들어냈다. 학벌 문제가 공감 능력을 저해하는 중요한 한 요인이 되고 있는 것이다. 이를 위한 해결책은 무엇일까?

이 점과 관련하여, 독일의 교육제도를 눈여겨볼 필요가 있다. 독일은 전국의 모든 대학이 국·공립으로 평준화되어 있다. 괴팅겐 대학과 프랑크푸르트 대학은 독일의 지방대학이다. 그러나 수도에 위치한 베를린 대학에 비해 결코 그 명성과 실력이 뒤지지 않는다. 이들 대학에서 공부하는 학생들은 대학의 간판이 아니라 교수의 명성과 실력을 보고 지원한다. 그들은 대학입학자격시험에 통과하면 원하는 대학에 진학할 수 있다. 그 졸업은 엄격하게 이루어진다.

그렇지만 독일의 대학이 한국의 대학보다 열등하다고 하는 사람은 거의 없다. 독일 대학에서 배출한 노벨상 수상자들이 이를 말해준다. 예를 들어 독일의 지방대학인 괴팅겐 대학의 졸업생 47명이 노벨상을 받았다(2015년 10월 기준).

또한 주목해볼 점이 있다. 독일 청소년들은 기술과 예술에 흥미를 가지고 있다면, 직업학교Hauptschule나 실업학교Realschule로 간다는 것이다. 학생들은 학교에서 교육을 받은 후에, 마이스터를 따는 것이 목표이다. 독일 사회에서 마이스터가 된다는 것은 존경의 대상이 된다는 의미이다. 예를 들어, 시계수리공·배관공·요리사로서 마이스터를 가지고 있다면, 그는 그 직종에서 최고의 전문가로 인정받고 사회적으로 존경받는다. 물론 이들 기술자는 일반 직장인들에 비해 더 높은 수입을 올린다.

이러한 독일의 교육은 눈부신 성과를 이루어냈다. 독일은 미국·영국과 더불어, 세계의 과학과 기술, 예술을 이끌고 있다. 제2차 세계대전의 잿더미 속에서 경이로운 기적이 나타나도록 한 토대가 독일의 교육이었다.

우리는 독일의 교육제도에 관해, 배우고 적용할 마음의 준비가 되어야 하지 않을까? 가랑비에 옷이 젖는다고 했다. 우리 교육제도에 대한 근본적인 문제 제기가 지속적으로 이루어져야 할 것이다. 이를 통해, 한국 교육제도의 근본이 바뀌어야 하지 않을까?

지금의 우리 사회는 공감과 관련하여 문제를 가지고 있다. 학벌·입시와 관련한 치열한 경쟁을 겪고 사회에 진출했으므로, 이런 경험을 가진 젊은이들이 다른 사람을 배려하고 존중하는 공감 능력을 가지기는 힘든 것이다.

문제는 공감 능력이 부족하게 된다면, 결국 부메랑처럼 그 대가가 자신 또는 자신의 가족에게 다가온다는 점이다. 왜냐하면 남도 결국 나를 배려하지 않을 것이 분명하기 때문이다.

이에 대한 해결책이 있을까? 먼저 학교교육을 들 수 있다. 지금까지 학교의 윤리와 도덕 과목에서 공감 능력을 가르쳐왔다. 그러나 그것은 이론에 불과했다. 학교에서 가르친 내용이 제대로 학생들에게 전해졌다면, 공감과 관련된 한국 사회의 문제는 벌써 해결되었을 것이다.

다음으로 공감 능력과 관련된 세미나를 열고 법을 제정하는 방법이 있다. 그러나 공감 능력의 향상을 세미나와 법으로 이룰 수 있다는 데에 동의하기는 어렵다. 왜냐하면 공감 능력은 일회성의 세미나나 추상화된 법으로 향상될 수 있는 성질이 아니기 때문이다.

앞서 보았듯이, 공감 능력의 향상을 위해서는 근본적으로 한국의 교육제도가 바뀌어야 한다. 그러나 근대 식민지 시기, 일본의 영향을 받은 학벌 문제를 유지해야 한다면, 어떻게 공감 능력을 향상시켜야 할 것인가?

그 방안으로 들 수 있는 것이 종교라고 본다. 우리 사회의 종교를 믿는 인구는 가톨릭과 개신교를 합친 기독교가 36.7%, 불교가 18.1%

라고 한다. 전체 한국 인구의 반 이상이 종교를 믿고 있는 것이다. 물론 실제적으로는 성당과 교회, 절에 가지 않는 사람도 많다. 그러나 상당한 사람들이 종교를 믿고 있다. 이 사람들이 제대로 종교에서 가르치는 교리를 믿고 실천한다면, 공감과 인성의 문제는 상당히 개선되리라고 본다.

왜 이 문제가 종교를 믿으면서 해결될 수 있을까? 먼저 기독교의 성경을 보자. 예수는 다음과 같이 말했다. "네 이웃을 너 자신처럼 사랑해야 한다." 자신을 사랑하듯이, 남을 사랑하라는 것이다. 예수의 말과 같이 된다면, 공감 능력은 최고의 상태에 이르게 될 것이다.

다음으로 불교를 보자. 불교에서 가르치는 자비는 인간이 다른 인간과 모든 생명 있는 것들에게까지 베푸는 순수한 사랑이라고 한다. 이런 자비의 행동은 결국 공감과 인성의 향상을 이끌 것이다.

앞으로 우리 사회가 공감을 하는 사람들, 인성을 갖춘 사람들로 충만해진다면, 그 혜택은 바로 우리들 자신이 받는 것이 된다. 왜냐하면 우리 자신이 배려와 존중을 받는 것이기에…….

◇◇◇

다시 유대인 이야기로 돌아와 보면 어떨까? 유럽에서 독일만이 유대인들을 배타적으로 대했을까? 그렇지는 않았다. 영국에서는 이미 4백여 년 전에, 셰익스피어가 '베니스의 상인'에서 샤일록이라는 유대인을 부정적으로 묘사했었다. 프랑스도 마찬가지였다. 나치가 프랑스를 장악한 후, 유대인이 숨은 곳을 알려준 사람 중에는 프랑스인이 많았다.

영국과 프랑스에서는 '경쟁적 반유대주의'가 광범위하게 존재하고 있었다. '경쟁적 반유대주의'란 유대인들이 각 분야에서 인구는 적은

데도 지배적인 위치를 차지하는 것에 대해 경계하는 입장을 말한다. 독일도 마찬가지였다. 독일 국민 가운데 0.75%만이 유대인이었지만, 유대인들은 두각을 나타냈다. 여기에서 J. F. 노이로르의 말을 들어보자.

> 이제 막 해방되었을 뿐인 독일의 유대인들은 새로운 경제적 비약에 발맞추어, 특히 은행과 금융업을 중심으로 일찍부터 활발하게 움직이고 있었다. 그들은 선천적인 재능으로 경탄할 만한 성공을 거두었다. 그러나 그것은 지나치게 두드러진 경우가 많았다. 그들은 상업에도 종사하여 많은 백화점들이 그들의 손에 의해 세워졌다. 이미 비스마르크의 시대(1870~1890)에 영세 수공업자와 소규모 상인들은 자신들의 불운한 세상살이를 유대인들의 사업에 원인이 있는 것으로 생각하기 시작했다.

외방에서 온 낯선 자의 놀라운 성공은 질시를 불러오기 마련이다. 이런 '경쟁적 반유대주의'와 관련한 일화가 있다.

1930년 무렵에 독일의 철학자 하이데거는 흥분하여 외쳤다.

> "독일 의과대학의 내과에는 원래 2명의 유대인 의사만이 있었다. 그런데 지금은 2명의 독일인 의사만이 남게 되었다."

독일 대학병원 내과 의사 가운데 2명만이 독일인이니, 나머지는 모두 유대인이라는 이야기이다. 이런 유대인들의 놀라운 성공이 독일에서 유대인 배척의 중요한 요인이 되었다. 독일의 반유대 감정은 영국과 프랑스의 그것과 어떻게 달랐을까? 영국인과 프랑스인은 유대인을 싫어했지만, 극단적인 방향으로 흘러가는 예는 드물었다.

그렇지만 나치 치하의 독일은 달랐다. 유대인 육백만 명이 강제수용소로 보내져, 독가스를 마시고 죽었다. 그뿐이 아니었다. 나치는 유대인의 피부로 전등갓을 만들고, 그들의 기름으로 비누를 만들었다. 극단적인 반인간적 행위가 행해졌다. 심지어 독일인 중에는 유대인을 학살하면 기분이 전환된다고 생각하는 사람들조차 있었다.

이 같은 독일의 만행을 몸소 체험한 사람이 있다.『사로잡힌 영혼』이라는 자서전을 발표한 마르셀 라이히-라니츠키Marcel Reich-Ranicki가 그 주인공이다. 마르셀은 독일에서 영향력 있는 문학평론가로, 독일인 98%가 그의 이름을 안다는 설문결과가 있을 정도로 유명한 사람이다.

그는 폴란드에서 태어난 유대인으로 독일에서 교육을 받았다. 뛰어난 '홀로코스트 문학'으로 평가받는 자서전에서, 마르셀은 1938년부터 1944년까지 폴란드에서의 체험을 생생하게 기록하고 있다.

> 1938년 8월에 독일은 폴란드를 점령했다. 그 이후, 독일군은 유대인의 집을 끊임없이 습격했다. 그들이 노린 것은 금품이었다. 그러나 이와는 전혀 다른 동기가 있었다. 그들은 자기들이 보기에 재미있을 법한 일들을 했다. 그것은 고향에서는 숨길 수밖에 없었다가 이제 적지敵地인 폴란드에서는 더 이상 억압할 필요가 없게 된 사디즘적 경향이었다. 그들은 마음 내키는 대로 행동했다. …… 대개가 이런 식이었다. 그들은 유대인에게 노래나 춤을 시킬 수 있었고, 바지에 일을 보게 하거나 무릎을 꿇고 목숨만 살려달라고 구걸하게 만들 수도 있었다. 그리고 갑자기 총살시키거나, 천천히 더 고통스러운 방식으로 죽일 수도 있었다. 유대인 여자에게 옷을 벗으라고 명령할 수 있었으며, 속옷을 벗어서 보도블록을 닦게 만들 수 있었고, 사람들이 보는 앞에서 소변을 보게 할 수도 있었다. 아무도 이런 재미를 보는 독일인들의 흥을 깨지 않았고, 유대인을 학살, 살해하는 것을 막지 않았다. …….

그의 증언은 독일인이 유대인을 사람으로 보지 않았다는 것을 잘 보여준다. 그랬기에 이런 행동이 나왔던 것이다. 그렇다면 독일인은 왜 유대인을 사람으로 보지 않았을까? 이에 관해 히틀러는 다음과 같이 말한다.

유대인이라는 건물은 추종 세력이 없으면 고스란히 무너진다. 한순간에 끝이 난다. 내가 항상 하는 말이지만 유대인은 세상에서 가장 아둔한 악마다. 유대인은 제대로 된 음악가, 사상가도 없고 예술도 없다. 아무것도, 정말 아무것도 아니다. 그들은 거짓말, 베끼기, 속이기에 능하다. 주위 사람들이 순진하니까 그래도 여기까지 온 거다. 독일 민족이 씻겨주지 않았으면 눈곱 때문에 앞도 제대로 못 봤을 거다. 우리는 유대인 없이 살 수 있지만 유대인은 우리 없이 못 산다.

히틀러는 '사회의 모든 분야에서 유태인들이 분해하고 파괴하는 짓을 일삼고 있으며, 현대사회의 모든 병폐의 일차적 책임이 유태인들에게 있다.'고 하였다. 이런 이유 때문에 히틀러는 '유대인들을 인간 공동체에서 가차 없이 분리해야 한다.'고 주장했다.

◇◇◇

히틀러의 반유대주의가 독일에서 급격하게 힘을 얻을 수 있었던 것은 히틀러 개인 때문이 아니었다. 그는 오스트리아에서 온 변방 인에 불과했다. 히틀러의 반유대주의가 가능했던 것은 독일인들이 유대인들을 혐오했기 때문이었다.

유대인에 대한 가혹한 행위는 독일인이 어떤 상황에 있을 때 이루어졌을까? 나카지마 요시미치는 『차별감정의 철학』에서 말한다.

"600만 명을 가스실에서 죽인 인류 최악의 범죄는 독일인들이 스스로 선량하고 신심 깊고 정의롭다고 믿었기에 가능했다."

독일인은 왕따가 된 유대인을 인간 이하로 대우했다. 한 개인이나 집단이 다른 대상을 어떻게 생각하느냐에 따라 행동이 달라진다는 것을 잘 보여주는 예가 독일인의 유대인에 대한 것이었다. 유대인은 더 이상 사람이 아니었다. 그들은 전차와 기차를 탈 수 없었고 공중전화조차 사용할 수 없었다.

독일이 폴란드를 침공할 무렵부터, 유대인은 고난의 행진을 하기 시작했다. 유대인은 노동수용소로 보내져서 죽도록 일을 해야만 했다. 그들이 수용소에서 살아남은 기간은 평균 6주에서 석 달 정도였다. 하지만 히틀러는 유대인은 기생충이므로, 가차 없이 없애버려야 된다고 했다. 히틀러는 하인리히 힘러Heinrich Himmler가 지휘하는 나치 친위대에게 유대인을 대상으로 다양한 독가스를 시험하게 했다.

1939년 브란덴부르크에 처음으로 가스실이 세워졌다. 여기에서 유대인 노인과 아이·병자들이 희생되었다. 나치는 유대인을 대량으로 학살하기 위해 폴란드의 아우슈비츠라는 도시에 거대한 가스실을 네 곳이나 세웠다. 가스실 한 곳에는 2천 명이 한꺼번에 들어갈 수 있었다. 간수들의 명령으로 옷이 벗겨진 희생자들은 가스실로 들어가야만 했다. 잠시 뒤, 문이 잠기면서 가스가 뿜어져 나왔다.

희생자들이 모두 죽기까지는 15분 정도 걸렸다고 한다. 히틀러는 이렇게 6백만 명의 유대인들을 죽였다. 이런 가스실로 끌려가기 전의 광경은 어땠을까? 마르셀은 다음과 같이 증언한다.

나는 번역자翻譯者로 쓸모가 있었기 때문에 선망의 대상인 '생명번호'를 받을 수 있었다. 우리 가족은 1947년에 바르샤바 게토기념비가 세워진 장소로 압송되었다. 그곳에는 약간 지루한 표정의 젊은 남자가 번쩍거리는 말채찍을 들고 서 있었다. 여기서 그가 왼쪽으로 채찍을 들면 트레블링카행 열차가 떠나는 '가스실'로 가는 것이며, 오른쪽으로 채찍을 들면, 당분간 목숨을 부지할 수 있는 것이다. 내(마르셀)가 오자 채찍은 오른쪽을 가리켰다.

부모님은 연세 때문에—어머니는 58세였고 아버지는 62세였다—'생명번호'를 받을 가망이 없었다. 게다가 부모님에게는 어딘가에 숨어 있을 기력이나 마음도 없었다. 나는 부모님에게 어느 쪽에 서야 하는지 알려드렸다. 아버지는 아무 말씀도 못 하시고 나를 쳐다보셨다. 어머니는 놀라우리만치 침착하셨다. 어머니는 신경 써서 옷을 차려입으셨는데, 베를린에서 가져온 밝은 색 우비를 걸치고 계셨다. 나는 그때가 부모님을 마지막으로 보는 것이라는 사실을 알았다. 지금도 그때 그 모습이 생생하다.

아무 말씀도 못 하시던 아버지와 베를린 전쟁기념 교회에서 멀지 않은 백화점에서 산 근사한 트렌치코트를 걸친 어머니. 어머니는 토지아(마르셀의 아내)에게 마지막 말씀을 남기셨다. "마르셀을 잘 보살펴 주거라."

부모님이 속해 있던 줄이 말채찍을 든 남자에게 가까이 가자, 그는 자제력을 잃은 것처럼 보였다. 그는 나이 든 사람은 빨리 왼쪽으로 가라고 몰아쳤다. 그 남자는 손에 든 멋진 채찍을 휘두를 기미를 보였다. 하지만 그럴 필요도 없었다.

멀리서 바라보는 내 눈에는 아버지와 어머니가 잰걸음으로 그 깐깐한 독일인 앞을 지나가는 것이 보였다.

히틀러의 가혹한 유대인 탄압에서 간신히 살아남은 유대인은 큰 트라우마[8])를 입었다. 오바마 1기 행정부 때 대통령 비서실장이었던 람 이매뉴얼은 유대인이다. 그의 어머니는 홀로코스트[9])를 경험했다. 학살에서 살아난 이매뉴얼의 어머니는 독일 물건은 절대로 사지 않았다. 심지어 독일 땅을 밟는 것조차 끔찍하게 생각했다. 그녀는 1971년 유럽여행 때에 독일 땅을 밟지 않기 위해, 룩셈부르크에서

---

8) 트라우마Trauma: 정신적 상처.

9) 홀로코스트 Holocaust: 짐승을 통째로 불에 구워 신에게 제물로 바친다는 뜻의 그리스어에서 유래한 말이다. 대학살, 대파괴를 의미한다.

덴마크로 가는 사이에 끼어 있는 독일 땅 580km를 무정차로 통과한다는 계획까지 세웠다.

유대인에 대한 가해를 주동한 사람은 히틀러였다. 그는 1939년 12월, 총통 관저 집무실에서 "이번에 다시 세계대전을 일으키면 유대인은 섬멸당할 것이다."라고 연설했다. g나 히틀러의 직속 부하로, 유대인을 탄압하는 데 앞장선 이가 친위대의 사령관인 히믈러는 1944년 포젠이라는 곳에서 유대인 1천 구의 시체가 쌓인 것을 보며 말했다. "유대인을 완전히 멸종시킨다는 것은 우리 역사의 영광스러운 페이지가 될 것이다."라고 말했다.

그러나 히틀러는 유대인이 처형된 강제수용소를 절대로 방문하지 않으려 했다. 히틀러는 강제수용소의 참상과 만날 자신이 없었던 것이다.

1944년, 독일의 패전이 짙어지던 상황에서 히틀러는 부상병들을 문병할 수 없었다. 그는 부상병들이 고통받는 광경을 볼 수가 없어서 병원과는 담을 쌓아버렸다. 히틀러는 주위 사람들이 연합군의 폭격으로 폐허가 되고 시체가 나뒹굴던 독일의 도시들을 언급하는 것을 견디지 못했다. 히틀러는 이런 도시들을 통과할 때에는 기차의 차양을 내리도록 지시했다. 히틀러는 그런 광경을 볼 자신이 없었다.

4장

강제수용소의 현실,
히틀러 치하의 강제수용소는 어떠했을까?

2013년 11월 반기문 UN 사무총장이 아우슈비츠 강제수용소를 방문했다. 이 수용소는 유대인 학살로 유명한 곳이다. 아우슈비츠 강제수용소는 탈출을 막기 위해, 이중 철책으로 둘러싸여 있었다. 아우슈비츠의 생존자는 반 총장에게 "손가락을 이쪽으로 하면 가스실로 보내고, 반대로 하면 살려줬습니다."라고 하였다.

시체 소각시설을 둘러본 반 총장은 '살인공장'이란 표현을 쓰면서 반인륜적 행위에 대한 경각심을 강조했다. 그는 "이 같은 일들을 통해 생명이 소중하고 또 모든 사람은 중요하다는 사실이 더욱 명백해졌습니다."라고 말했다.

독일의 학생들은 이 강제수용소의 자원봉사 프로그램에 참가하기도 한다. 시몬 스포러라는 독일 학생은 "2주 동안 철조망 보수 작업을 했어요, 다음 세대들도 와서 보고 배울 수 있게 보존해야 합니다."라고 힘주어 말했다. 아우슈비츠 강제수용소의 가스실에서는 무려 110만 명이 희생된 것으로 추정된다고 한다.

아우슈비츠 수용소 정문

70년 가까이 세월이 흘렀지만, 피해자인 유대인과 가해자인 독일인 모두가 끔찍한 과거를 잊지 않으려는 노력을 하고 있는 것이다.

◇◇◇

그렇다면 강제수용소에 사람들은 어떻게 끌려갔을까? 이에 관한 증언을 들어보자. 미국 메릴랜드주 볼티모어에 살고 있는 유대계 미국인 레오 브레톨츠는 아우슈비츠 수용소로 끌려가던 기차 속 모습을 시간이 훨씬 지난 2014년에도 잊지 못했다. 그의 말을 들어보자.

나는 구속영장도 없이 독일군에 의해 끌려갔다. 내가 가던 목적지는 아우슈비츠였다. 나는 악취가 진동하던 가축을 실어 나르던 열차에 올라야만 했다. 그 열차에는 1,000여 명이 빽빽하게 실린 채 있었다. 우리들은 며칠 동안 앉지 못하고 서서 가야 했다. 먹을 것은커녕 마실 물도 없었다.
가장 큰 문제는 화장실이 없다는 것이었다. 우리는 숨이 막히는 축축한

공기와 배설물의 악취 속에 서 있어야 했다. 그렇게 열차를 타고 이동했다. 나는 이때 죽을 결심을 하고 탈출을 감행했다. 1942년 11월 6일에 달리는 기차에서 뛰어내렸다. 나는 가스실로 가는 것을 피하고 가까스로 목숨을 건졌다. 그 이후 미국으로 건너와 정착했다.

레오는 행운아였다. 그는 달리는 열차에서 뛰어내리는 사투를 겪고 난 뒤, 살아날 수 있었다. 그러나 아직 열차에는 1,000여 명이 그대로 타고 있었다. 그들은 어떻게 되었을까?

아우슈비츠 수용소에 수감될 사람들은 수용소에 도착했을 때 굶주리고 지쳐 있었다. 그들은 수용소에 도착하는 즉시 모든 소지품을 압수당하고, 수용소에 등록되었다. 팔뚝에 문신으로 숫자가 새겨졌다. 수감자들은 이때야 비로소 멀건 수프를 한 접시 받았다. 그 이후 옷을 벌거벗고 찬물을 뒤집어쓴 다음, 머리카락을 깎아야만 했다.

그다음에, 수감자들은 회색 줄이 굵게 쳐진 낡은 죄수복을 지급받았다. 죄수복은 감옥에 갇혀 있을 때 입는 옷이다. 옷이 가진 의미는 무엇일까? 옷은 인간의 상태, 성격과 함께 개인의 자신감에까지 영향을 준다고 알려져 있다. 강제수용소에서 수감자들은 누구나 속옷도 없이 한 치수나 두 치수 더 큰 옷을 입어야 했다. 그에 비해 독일 경비병들은 반짝거리는 가죽 구두와 몸에 달라붙는 군복을 입었다. 수감자들은 옷에서 이미 을z의 입장에 있었다. 여기에서 김대식 KAIST 교수(뇌과학자)의 설명을 들어보자.

인간의 뇌는 세상을 있는 그대로 보고 판단하는 기계가 아니다. 뇌는 단지 외부 세상과 내 몸의 상태를 최대한 정당화할 수 있는 설명을 찾고 있을 뿐이다. 영웅 같은 옷을 입으면 나 자신을 영웅으로 착각하고, 속옷도 없는 헐렁한 옷을 입으면 마음이 약해지고 허물어지게 된다. 수소폭탄을 개발한

구_舊소련의 천재 물리학자 안드레이 사하로프는 인권활동가로 수십 년간 감금 생활을 하는 동안 칼과 포크 사용이 금지되었다. 어린아이같이 스푼으로만 음식을 먹게 함으로써 사하로프를 나약하게 만들려 했던 것이다.

수감자들이 감방으로 돌아가면 어떠했을까? 그곳에는 얇은 담요 한 장과 딱딱한 나무 침대 외에는 아무것도 없었다. 수감자들이 제일 자주 꾸는 꿈은 무엇일까? 그것은 배불리 먹는 꿈이었다. 그다음이 수용소에서 해방되어 가족과 다시 만나는 꿈이었다.

그렇다면 수용소 생활에서 가장 끔찍스러운 순간은 언제였을까? 수용소에서 생활했던 프랭클Frankl은 다음과 같이 말한다. "수용소 생활에서 가장 끔찍스러운 순간은 날이 새기도 전에 잠을 깨우는 세 번의 날카로운 호각 소리였다. 이 소리는 지쳐 떨어진 잠으로부터, 그리고 꿈속의 소망으로부터 우리를 사정없이 찢어 떼어놓는 것이었다."

강제수용소에서는 동료 수감자가 악몽을 꾸고 있어도 절대로 깨우지 않았다. 그 꿈이 아무리 악몽이라고 해도, 현실은 그보다 더 나쁘기 때문이었다.

아침 동이 트기 전에 기상을 알리는 호각 소리가 울려 퍼지면, 수감자들은 5분 안에 옷을 입고, 씻고, 볼일을 보아야 했다. 그래야 돌덩어리 같은 회색 빵을 먹을 수 있었다. 늦으면 이 빵마저 없었다. 노동은 새벽부터 해 질 때까지 강제적으로 이루어졌다. 노동시간은 빡빡하게 짜여졌다. 힘겨운 노동을 이겨내지 못하는 사람, 자기 배급량을 악착같이 먹지 못하는 사람은 결국 가스실로 보내졌다.

전쟁이 끝날 무렵에, 연합군은 다카우·아우슈비츠·부헨발트 등 수십 군데의 강제수용소를 발견했다. 세상은 경악했다. 강제수용소에서 죽은 희생자가 무려 1,200만 명이었던 것이다. 그중 절반인 600만 명이 유대인이었다. 나머지 600만 명은 러시아인, 동유럽인, 집시,

자유민주주의자, 공산주의자, 민주사회주의자, 가톨릭과 개신교의 성
직자 등이었다.

◇◇◇

그러나 이들에 앞서, 나치가 가장 먼저 근절을 시도한 인간은 '건
강하지 못한 독일인'이었다. 나치는 독일인 가운데 유전적인 장애와
정신질환을 가진 사람, 신체불구자에게 불임수술을 행하며, 안락사라
는 이름으로 이들을 죽였다.

이미 1933년에, 나치는 유전병 자손 예방법을 시행했던 것이다.
'살 가치가 있는 생명'과 '살 가치가 없는 생명'의 선발을 나치는 감행
했다. 이때 그들은 이런 명분을 내걸었다.

"게르만 민족은 강인한 민족이다. 장애자는 여기에 방해가 된다."

이와 관련된 사람이 있다. 그는 위르겐 하버마스Jürgen Habermas이다.
하버마스는 독일의 철학자이자 사회학자로, 프랑크푸르트 대학교 명
예교수이다. 나치 치하에서 유년과 청소년기를 지냈던 그의 증언을
들어보자.

나는 독일의 뒤셀도르프에서 태어났다. 태어날 때에 장애를 가지고 있었다.
입술 입천장이 갈라진 구순구개열(언청이)로 태어났다. 이 병은 지금은 쉽
게 고칠 수 있다. 그러나 나의 유년기와 청소년기에는 그렇지 않았다. 나는
유년 시절에 여러 번 수술을 받았다. 그래도 발음이 이상했다.

이 장애는 마치 늑대 소리 같은 발음을 내게 한다. 그래서 어릴 때에, 동네
아이들은 나의 장애를 놀림감으로 삼았다. 왕따도 당했다. 그러나 나는 학교
에 들어가 좋은 친구들을 만나며 열심히 공부했다. 그래서 유년기와 청소년
기에는 정상적인 삶을 살 수 있었다.

내가 청소년이었을 때는 나치가 집권하고 있었다. 나치는 이 장애를 유전병

으로 간주했다. 그래서 나치는 나를 열등한 인간으로 취급해, 히틀러유겐트 정규반에 들어오지 못하게 했다. 나는 응급 처치반 하급요원이 되었다.

나치는 하버마스가 가진 장애를 보고, 그를 열등한 인간으로 취급했다. 그렇다면 하버마스는 지금 어떻게 되었을까?

하버마스는 세계에서 생존한 지성 가운데 최고의 석학으로 꼽힌다. 그가 2011년 출간한 『유럽연합의 위기』는 15개 언어로 번역되었다. 하버마스는 '누구도 무시당하거나 차별받지 않는 포용적 소통'을 주장했다. 이 이론은 강자가 독식하는 것을 반대한다. 이와 반대로 약자, 소수자, 장애자 등의 동등한 참여를 옹호한다.

하버마스는 말한다.

> "나의 포용적인 소통 이론에 유년기의 심층 심리가 작용했다는 해석이 있습니다. 이 점은 이미 이탈리아에서 심리학자로 일하는 나의 아들 틸만이 제안했던 것입니다. 나는 포용적인 소통이론에 체험이 있었다고 생각합니다."

나치가 열등한 인간으로 판단한 하버마스는 지금 세계적인 석학이 되어 있다.

이와 관련하여 사회의 다양성 문제를 살펴보는 것은 어떨까? 나카지마 요시미치는 『차별감정의 철학』에서 다음과 같이 말하고 있다.

> 사회는 다양성 자체를 유지하는 것이 중요하다. 다소 능률이 떨어지고 불안정 요소가 많아지더라도, 이질적인 존재들을 동화시킬 것이 아니라, 이절적인 존재들끼리 '공생'하는 것을 목표로 삼아야 한다. 고독하고 싶은 사람에게 고독할 자유를 주고, 불행에 빠져 좌절했지만 타인의 도움을 바라지 않는 사람의 자유를 존중해야 한다.
>
> 사회의 안정과 조화는 일률적인 가치관을 강요함으로써 실행되어서는 안

된다. 일반적으로 집단에서 배제되는 것은 분명 힘든 일이다. 억지로 집단에 속하기를 강요당하는 것 역시 그만큼 힘든 일이다.

이처럼 인간은 어느 공동체든 소속되지 않고는 살아갈 수 없다는 전제하에, 각자는 자신의 집단에 대한 소속의식을 가급적 억누를 것을 제안한다. 그 집단이 당신에게 소중하면 소중할수록, 당신은 그 집단을 위해 움직일 것이다. 그리고 자신도 모르게 그 집단에 소속되어 있다는 사실에 자부심을 느끼고, 자신도 모르게 그 집단 안에서 권력을 휘두르고, 그 집단을 지키기 위해 집단 내 개인들을 단속하고, 그 집단을 지키기 위해 어떤 사람들을 집단에서 배제하고…… 이렇게 집단에 몸을 바치는 행동들이 당신의 차별감 정을 점점 거대하게 키우고 있다.

◇◇◇

다시 이야기를 강제수용소로 돌아와 보면 어떨까? 연합군이 강제수용소를 발견했을 때, 그곳에는 굶어 죽기 직전의 사람들이 있었다. 수감자들은 혹독한 상황에서 노동력을 착취당했다. 그 대표적인 본보기가 지하공장 도라-미텔바우 강제수용소였다. 그곳은 독일의 소도시 노르트하우젠에서 멀지 않은 곳에 위치해 있다. 수천 명의 강제수용소 수감자들이 20km 길이의 지하 벙커를 증·개축하는 데 동원되었다.

수감자들은 공사 기간 동안에 습기로 가득 차고 먼지로 뒤엉킨 동굴 속에서 지내야만 했다. 우크라이나 태생의 죄수번호 28831번 알렉산더 사밀라는 1943년 말의 상황을 다음과 같이 기술하고 있다.

굴삭작업과 폭파작업이 계속되었는데, 터널 안에는 항상 불이 켜져 있었다. 수감자들은 조그마한 일에도 매를 맞았다. 가장 참을 수 없는 일은 잠을 제대로 잘 수가 없다는 것이었다. 자다가 걸릴 때마다 간수들은 고무 곤봉으로 가차 없이 25대를 때렸다.

도라-미텔바우 수용소는 가혹한 노동을 통해 사람을 죽이는 학살 수용소였다. 우리는 죽을 때까지 고통을 당했다. 마실 물도 없었다. 간수들은 이따금 우리에게 청어를 먹으라고 주었다. 우리는 엄청난 갈증에 시달렸다. 수많은 수감자들이 사용할 수도관은 단 하나밖에 없었으며, 수돗물을 마시고 이질에 걸리기도 했다. 식사는 상하거나 곰팡이가 있는 음식이 나왔다. 질병에 대한 저항력이 낮아 사람들이 많이 죽어 나갔다. 희망이 보이지 않았다. 서로 보면 '너는 언제 죽느냐.'고 물었다.

1943년 10월에서 1944년 3월 사이에 최소한 2,300명의 수감자들이 강제노동으로 죽었다. 오늘날 이곳은 나치의 만행을 고발하는 기념지로 바뀌어 있다. 이런 거친 수용소에서 자살은 어느 정도로 일어났을까?

이탈리아의 화학자로 아우슈비츠 수용소에 수감되었던 프리모 레비는 다음과 같이 이야기한다.

수용소에서 자살은 드물었다. 물자 부족, 허기, 추위, 갈증, 강제노동이 우리의 몸을 괴롭혔다. 그것이 아이러니하게도 우리들에게 자살할 생각을 하는 여유를 주지 않았다. 수용소에서 자살이 드물었다는 게 이를 증명한다. 일상의 절박함이 우리의 생각을 다른 곳으로 돌려놓았다.

우리는 죽음을 갈망하면서도 자살할 수 있다는 생각은 하지 못했다. 수용소에 들어가기 전이나 그 후에는 자살에, 자살할 생각에 가까이 간 적이 있다. 하지만 수용소 안에서는 아니었다.

레비는 "일상의 절박함이 자살이라는 생각을 하지 못하도록 했다."라고 증언했다. 놀랍게도 세계에서 자살률이 높은 나라 중의 하나가 사회보장제도가 잘되어 있는 스웨덴이다. 스웨덴은 요람에서 무덤까지 안락한 생활이 보장되어 있는 나라로 알려져 있다.

아우슈비츠 수용소와 스웨덴의 사회복지는 대비된다. 절박한 생존 조건과 안락한 사회보장이 뜻밖의 결과를 낳았다. 최악의 생존조건에서 절박함은 자살하겠다는 생각을 하지 못하게 했다. 이에 비해, 안락한 사회보장 속에서 여유로움은 자살 비율을 높게 했다. 우리 인간이 가진 양면성이다.

강제노동이 행해졌던 독일 수용소 내부의 구조는 어땠을까? 독일의 수용소는 육체적으로 고되도록, 심리적으로는 스스로를 파괴하도록 의도적으로 만들어졌다. 1933년에 나치가 다하우 수용소에 적용한 최초의 명령은 패전 때인 1945년까지 효력을 발휘했다. 수감자들이 해야만 하는 노동은 벌을 주고, 인간의 품위를 떨어뜨리려는 의도로 마련되었다.

나치의 하수인 역할을 한 친위대는 제2차 세계대전이 시작되기 전부터 고문을 자행했다. 즐겨 사용된 것은 말뚝 고문이었다. 이것은 수감자의 두 팔을 들어 올려 긴 장대의 뒤쪽에서 묶어 매다는 것이다. 그런 자세로 몇 시간 매달려 있으면 어깨가 탈구되었고, 며칠이 지나면 서서히 죽어갔다.

나치 치하의 수용소에서 친위대는 수감자들에 대한 일상적인 폭력을 즐기고 있었다. 친위대의 경비병들은 자신들의 절대 권력을 과시하느라 정기적으로 모든 수감자들에게 고통을 주었다. 예를 들어 작센하우젠 수용소에서는 초겨울 일이 없을 때에, 수감자들은 하루 종일 그대로 서 있거나, 몇 시간 동안 마룻바닥에 엎드려 있어야 했다.

그러나 수용소의 폭력 가운데에서 최악의 상황은 따로 있었다. 그것은 똥오줌이었다. 굶주림과 육체적인 고통보다도 더 심하게 수감자들을 괴롭힌 것이 배설물이었다. 한 생존자는 자기가 싸놓은 배설물 위에 강제로 눕혀진 사람들의 괴로움을 말했다.

"그들은 고통과 불결함으로 신음했으며 흐느끼고 울었다. 그들에게 가해진 타격은 참으로 살인적인 것이었다."

아우슈비츠의 생존자인 레빈스카Lewinska는 다음과 같이 이야기했다.

"아우슈비츠에서는 몸을 씻을 물도, 장소도, 시간도 없었다. 우리들은 몸을 씻고 깨끗이 하는 간단한 일을 할 수 없었다."

부헨발트 수용소에서는 변소가 바깥에다가 파놓은 길이 8m, 폭 4m, 깊이 4m의 구덩이들이었다. 이 오물 구덩이들은 언제나 차고 넘쳤다. 수감자들은 가장자리에 걸쳐 있는 좁은 나무판들 위에 쭈그리고 앉아서 일을 보았다. 이때 친위대원들이 즐기는 게임이 있었다. 그것은 볼일을 한참 보고 있는 사람들을 구덩이 속으로 밀어 넣는 일이었다. 코간Kogan이라는 수감자는 "부헨발트에서는 1937년 10월에, 열 명의 수감자들이 이런 게임으로 오물 속에서 질식사하였다." 라고 말했다.

이런 상황에서, 친위대는 숙소와 하수구에 똥 무더기를 그대로 놔두게 했다. 친위대가 배설물들을 이용한 데에는 이유가 있었다. 그것은 수감자들을 정신적으로 파괴하기 위해서였다. 수감자들에게서 풍기는 악취와 몰골은 서로 간에 커다란 혐오감을 준다. 또한 수감자들은 동료에게서 보이는 인간 이하의 모습을 보며 그 자신이 인간 이하라고 느끼는 것이다. 무엇 때문에 이렇게 수감자들을 학대했을까?

친위대원들은 수감자들을 똥오줌 속에서 짐승으로 타락시키려 했다. 그래야 친위대원들은 수감자를 처형할 수 있었다. 희생자들이 인간이라고 보기 힘든 모습을 할 때에, 친위대원들은 인간을 살육한다는 공포감을 느끼지 않게 된다.

수감자들은 혹독한 상황을 개선하기 위해 방법을 찾았다. 그들에게는 어떠한 힘이나 권리도 없었다. 히틀러는 이미 수감자의 변호사 접견권을 거부해야 한다고 주장했고, 이것은 그대로 이루어졌다. 히틀러의 지배하에서 수감자에 대한 학대를 방지하고 통제할 어떤 제도적 장치도 없었던 것이다.

우리는 나치 치하 강제수용소의 실태를 보며, 이것이 북한의 강제수용소와 유사한 데 놀라게 된다. 최근에 북한을 탈출한 사람들이 한국으로 와 북한에서의 생활을 증언하고 있다. 그 증언의 핵심은 '배고픔과 인권의 박탈'이다. 그 사람이 한 사람이라면, 증언이 신빙성이 없을지도 모른다. 같은 증언을 다른 사람이 되풀이한다면, 우리는 이에 귀를 기울여야 될 것이다.

『수용소의 노래』라는 책은 북한 강제수용소의 실태를 잘 보여준다. 저자인 강철환은 재일교포로 평양에서 출생했다. 할아버지가 민족반역자로 낙인찍혀 국가안전보위부에 끌려간 후, 온 가족이 1977년 8월에 함경남도 요덕군에 위치한 정치범수용소에 수감되었다. 그는 인민학교(한국의 초등학교) 3학년 때 그곳으로 끌려가 10년간의 수감생활을 했다. 그 이후 한국으로 탈출해 정치범수용소의 현실을 고발하는 책을 냈다. 다음은 이 책의 내용 가운데 일부분이다.

겨우내 먹지 못하고 추위에 떨다가 봄이랍시고 중노동에 시달리는 사람들에게는 이 고비가 가장 넘기기 힘들다. 쓰러지는 사람도 부지기수고, 펠라그라 병으로 무리를 지어 죽어 나가기도 한다. ……

"쌍간나새끼, 꾀부리지 마. 전투정신이 돼먹질 않았다."

그래도 쓰러진 아이가 정신이 들지 않자 교원은 그 아이들을 죽든지 말든지 한쪽으로 밀어 넣었다. 우리는 그 아이들 몫까지 일을 하느라고 죽을 맛이었다. 우리도 그 아이의 상태가 어떤지 알아볼 겨를이 없었다. 당장 내가 죽을 지경이니 옆에서 사람이 죽어 나가도 어쩔 방법이 없었다.

자칭 '주체농법 책임자'라고 하는 보위원들은 죄인들을 실컷 사역시켜야 책임완수를 다하는 것으로 생각하는 모양이었다. 그러니까 한두 사람 죽는 것은 그들과 아무 상관도 없는 것이었다.

"작업하기 싫어 꾀쓰는 새끼는 죽어도 좋다. 그런 새끼는 어버이 수령님 은덕에 먹칠을 하는 놈이다. 혁명정신이 대갈통에서 빠져나간 놈들이란 말이다."

아이들은 오히려 쓰러진 아이들을 부러워하였다. 그 아이들처럼 쓰러지지만 않았을 뿐, 다른 아이들도 같은 형편이었기 때문이다.

몇 달씩 세수도 못 해서 땟국물이 자르르 흐르는데다가 햇빛에 그을려 아프리카 깜둥이처럼 보이는 아이들이 펠라그라에 걸려 눈 위 피부가 허옇게 벗겨져 있었다. 멀리서 보면 마치 흰 안경을 쓴 것만 같았다. 또 게걸 병에 걸려 제정신이 아니었다. 도랑에서 개구리만 보면 눈이 벌개져서 날것으로 잡아먹었다.

북한의 강제수용소는 히틀러 치하의 강제수용소와 닮았다. 인간을 인간으로 보지 않고 벌레와 같은 존재로 보는 점에서 같았던 것이다.

◇◇◇

이야기를 나치 치하의 강제수용소로 돌아와 보려고 한다. 나치에 의한 강제노동과 그 과정에서 벌어진 가혹행위는 누구에게 책임이 있는가? 히틀러일까? 아니면 죄수들을 학대했던 간수들이었을까?

여기에는 두 가지 요소가 작용하고 있다. 먼저 히틀러의 책임이다. 그는 게르만족을 최고의 인종으로 보았으며, 동유럽인과 유대인들을 쓰레기로 보았다. 그와 생각을 달리하는 독일인들 역시 쓰레기였다. 그러므로 강제노동수용소에서 벌어진 행위의 궁극적인 책임은 히틀러에게 있었다.

그러나 실제로 죄수들을 학대한 것은 히틀러가 아니라 나치의 하수인들이었다. 그들은 어떻게 그러한 만행을 저지를 수 있었을까? 집단심리학의 이론이 이와 관련하여 주목된다.

2004년 이라크 남부 아부그라이브 교도소에서 행해진 추악한 포로 학대 사건이 세상에 알려졌다. 벌거벗은 남자들이 피라미드를 쌓고 그 옆에서 미군이 웃고 있는 장면과, 한 여군이 벌거벗은 수감자의 목에 개줄을 묶고 당기는 사진에 사람들은 큰 충격을 받았다.

많은 미국인들은 이 사진을 보고 '몇몇 몰지각한 병사'들이 저지른 추악한 짓이라고 비난하고 그들에 대한 강력한 처벌을 요구하였다. 당시 미국의 합참의장 역시 인터뷰에서 학대사건은 '몇몇 나쁜 병사'가 저지른 행위로, 0.1%도 안 되는 '결함 있는 병사'가 저질렀다고 주장했다. 놀라운 사실은 이들 미군이 그들의 고향에서는 평범하고 선량한 이웃이었다는 사실이다.

스탠퍼드 대학교의 심리학과 교수인 필립 짐바르도Philip Zimbardo는 아부그라이브 교도소에서 일어난 사건을 자신의 저서인 『루시퍼 이펙트Lucifer Effect』에서 상세하게 다루고 있다. 짐바르도는 합참의장의 해명에 문제가 있다고 하였다. 전체적인 상황 조사를 마치지도 않았는데, 하위직에 있는 극소수의 실무책임자에게 모든 책임을 돌리는 것은 올바르지 못한 해명이라는 것이다.

짐바르도는 1971년 스탠퍼드 대학의 작은 건물에서 시행한 모의 교도소 실험을 통해, 이라크 아부그라이브 교도소에서 행해진 포로 학대 사건의 해답을 찾으려고 했다. 짐바르도는 『루시퍼 이펙트』에서 1971년에 행해진 자신의 실험을 완전히 공개하고 분석하여, 인간 본성의 어두운 측면과 악의 근원을 찾아보려고 했다.

짐바르도는 평범하고 건강한 대학생들을 죄수와 간수로 나누었다. 죄수가 된 학생들은 건물 지하에 만든 교도소로 들어갔다. 실험은 2주를 예상하고 진행되었다. 그러나 6일째 되는 날 실험을 중단해야만 했다. 놀랍게도 점점 가학적인 모습으로 변해가는 간수와 급속하게 정신 쇠약 증세를 보이는 수감자들 때문이었다.

짐바르도는 평범한 학생들로 구성된 간수 집단이 6일 만에 빠른 속도로 폭력적인 행동을 나타내는 것을 보고 다음과 같은 결론을 얻었다.

개인이 집단에 들어가서 힘을 갖게 되면, 야생동물처럼 난폭해지고 제멋대로 군다.

이러한 집단심리학의 이론에 따른다면, 나치 치하의 간수들이 죄수들을 인정사정없이 다룬 것을 이해하게 된다. 결국 나치 치하의 잔악한 행위는 히틀러와 나치 치하에서 힘을 가진 사람들이 만든 합작품이었던 것이다.

◇ ◇ ◇

그런데 악을 조장하고 키워내는 집단(사회적 시스템)이 있다면, 그와 반대로 선善을 이끌어내고 공동의 선으로 향할 수 있는 집단이 존재한다는 견해가 있다. 김성은 가톨릭 신부는 작고 사소한 일상 안에서 우리 사회 구성원 하나하나가 선한 것을 키우기 위해 행동하고 노력한다면, 집단 안에서 선한 힘이 발휘된다고 말한다.

이런 선한 행동을 한 대표적인 사람이 있었다. 아우슈비츠 수용소에 수감되었던 막시밀리아노 마리아 콜베 신부이다. 그는 나치에 반대하는 책을 발간했다는 죄목으로 수용소로 끌려갔다. 이때, 수용소에 사건이 발생했다.

수감자 한 명이 탈출했던 것이다. 수용소의 소장은 그에 대한 보복으로, 손짓으로 10명을 골라내 지하 감방에 넣어 죽이려 했다. 10명이 소장 앞에 끌려왔다. 한 사람이 가족의 이름을 부르며 흐느꼈다. 이 광경을 본 콜베는 대신 죽게 해달라고 소장에게 청했다. 소장은 그의 청대로, 콜베를 지하 감방에 넣었다. 콜베와 갑자기 끌려왔던 9명은 서서히 굶어 죽어갔다.

이 이야기는 가슴을 먹먹하게 한다. 그것으로 다였다. 그의 희생으로 수용소에 선한 기운을 불어넣을 수 없었다. 그의 행동이 나치 치하 독일 사회에 영향을 주지도 못했다.

우리들 주위에는 콜베 신부와 같이 남에게 헌신하는 사람보다는 짐바르도의 실험에 참여한 대학생과 같이 평범한 사람들이 더 많다. 그렇다고 해서 우리는 인간의 한계에 기대어, 집단에서 행해지는 인간의 폭력을 바라보기만 하고 있어야 할 것인가? 이 점에 관해, 칼 포퍼Karl Popper의 철학이 우리의 눈길을 끈다.

포퍼는 1902년 오스트리아에서 유대계 변호사의 아들로 태어났다. 그는 나치를 피해 뉴질랜드의 캔터베리 대학교에서 강사로 있다가, 후에 영국의 런던정치경제대학LSE에서 교수로 활동했다. 히틀러가 집권하던 시절에, 그는 외가 쪽 친척 16명이 홀로코스트로 죽는 핍박을 경험했다.

1945년 그의 저서인 『열린사회와 그 적들』이 출판되었을 때, 많은 학자들은 나치와 공산주의라는 전체주의에 대한 이론적 비판에서 이 책을 따를 저서가 없다고 평가했다.

포퍼는 1938년 봄 히틀러가 오스트리아를 병합했다는 소식을 듣던 날, 이 책을 쓰겠다는 결심을 했다고 한다. 그날 이후, 그는 전투에 임하는 자세로써, 이 책을 썼다. 집필은 전쟁이 끝날 무렵까지 계속되었다.

여기에서, 엄정식 서강대 철학과 명예교수의 포퍼 철학에 관한 설명을 들어보자. 포퍼의 철학은 인간은 유한한 존재이기 때문에 완전한 진리에 도달할 방법은 없고, 오류와 실수를 통해서 좀 더 나은 지식을 얻을 수 있다는 신념에 근거한다. 여기에서 미국의 발명왕 토머스 에디슨의 예를 들어보자. 에디슨은 수없는 실패 끝에 전구를 발명했다. 그는 실패할 때마다, "나는 전구를 만들 수 없는 방법을 또 하나 배웠다."라고 말했다. 에디슨은 과거의 실패로부터 교훈을 얻고, 전구 발명에 성공했다.

이런 방식으로, 포퍼는 우리가 앞으로 더욱 바람직한 세계를 만들 수 있다고 주장한다. 그는 『열린사회와 그 적들』을 쓸 때로부터 불과 50년 전만 해도, 사람들은 자유를 잃고 굶주림에 시달렸으며, 특히 하층계급은 아무런 희망이 없었다고 하였다. 포퍼는 이러한 상황이 미국에서는 1914년까지 이어졌으며, 유럽에서는 1920년대까지 계속되었다고 했다.

이에 비하면 세계는 훨씬 좋아졌다. 그는 이 세계가 지금까지의 역사에서, 가장 좋은 세계임을 부정하지 않는다. 오늘날은 예전보다 더 오래 살며, 훨씬 자유롭고 즐겁게 살아갈 수 있기 때문이다.

이런 성과는 주로 서구의 과학기술과 자유민주주의에서 비롯되었다고 말할 수 있다. 포퍼는 이러한 결실이 매우 힘든 실험과 노력, 선한 의지와 창조적 사상에 근거해 있음을 지적한다. 물론 서구식 민주주의국가에 있는 가난과 실업, 강자의 억압 등 부정적인 측면을 포퍼는 인정하고 있다.

그러나 포퍼는 그런 사실을 인정하는 비판적이고 개방적인 자세와 합리적인 태도가 있다면, 얼마든지 개선할 수 있다고 강조한다. 이를 위해서 포퍼는 너무나 멀어 언제 도달할지도 모르는 추상적 선善을 추구하지 말고, 긴박한 문제로 다가오는 구체적인 악惡의 제거부터 노력해야 한다고 주장한다.

이와 관련된 예는 어떤 것이 있을까? 이강국 전前 헌법재판소장의 설명을 들어보자.

헌법재판소에는 국가권력과 국가권력이 아닌 것으로부터 헌법을 보호하는 임무가 있다. 국가권력으로부터 헌법을 수호하는 기능이 위헌법률, 탄핵, 권한쟁의, 헌법소원에 대한 심판이다.

그리고 국가권력이 아닌 것으로부터 헌법을 수호하는 대표적인 사안이 위헌정당의 해산문제이다. 이러한 정당해산 심판제도는 독일 바이마르 공화국의 민주적 헌법이 나치 정권에 의해 붕괴되는 것과 같은 불상사가 다시는 일어나지 않도록 막아야 한다는 생각에서 만들어진 것이다. 이에 따라, 나치당의 후계자로 지목된 사회주의제국당SRP이 1952년 위헌결정을 받아 해산되었다.

1956년 독일공산당KPD 사건도 같은 예로 들 수 있다. 독일공산당은 폭력적 방법으로 혁명을 꿈꾸는 정당 활동을 하다가 해산심판이 청구되었고, 당시 독일연방 헌법재판소는 정당해산을 결정했다.

그러므로 정당해산 심판제도는 민주주의의 이름으로, 민주주의를 공격하고 파괴하는 정당을 해산해 헌법을 보호하는 것이다.

독일은 자유민주주의를 지키기 위해, 정당해산 심판제도로 구체적인 악의 제거를 하고 있는 것이다. 이러한 구체적인 악의 제거를 독일인들은 초등학교 때부터 역사·사회 시간에 배우고 있다. 이 시간에 독일인들은 나치의 만행을 배우며, 나치를 떠올리게 하는 어떠한 행동과 발언도 용납될 수 없다는 것을 배운다.

이와 관련된 사건이 2014년 2월 28일에 독일 남부에 있는 소도시 바이센부르크의 한 중학교에서 일어났다. 이 사건을 보도한 일간지의 기사를 인용해보자.

> 이 학교의 연례행사인 장난감 자동차 경주대회가 시작되려는 순간, 시끄럽던 학교 강당이 쥐 죽은 듯 조용해졌다. 그것은 대회 시작을 알리는 이 학교 교감 A(43) 씨의 입에서 '지크 하일Sieg Heil'이라는 말이 튀어나왔기 때문이다. 지크 하일이라는 말은 '승리를 위하여'라는 독일어이다. 그러나 이 말은 히틀러가 집권했던 시기에 주로 쓰이던 인사법이라는 이유로 독일에서 법으로 사용이 금지된 용어이다.
>
> A 교감의 발언 뒤, 정적에 휩싸였던 강당은 이내 성토장으로 변했다. 현장에 있던 중학교 1~2학년 학생들이 A 교감을 둘러싸고 항의하기 시작했다. 동료 교사와 학부모들도 학생들의 항의에 동조했다. "어떻게 감히 학생들 앞에서 그런 표현을 쓸 수 있느냐."는 것이었다. A 교감은 "실수였다. 죄송하다."고 거듭 사과했지만, 사태는 가라앉지 않았다. A 교감에 대한 처분을 논의하는 학부모 회의가 소집되고, 지난 3월 3일, 결국 이 학교가 속한 바바리아주 문화부가 진상조사에 착수했다.
>
> 뮌헨에서 교육학 박사과정을 밟고 있는 크리스천 그루버(27) 씨는 "독일인들은 유치원 때부터 나치를 옹호하는 발언과 행동은 다른 사람을 폭행하는 것과 같다."고 배운다고 말했다.
>
> 독일에서 나치와 관련된 지크 하일(승리를 위해), 하일 히틀러(히틀러 만세, 히틀러를 위해), 하일 마인 퓌어러(나의 총통 만세, 나의 총통을 위해) 등의 용어는 말로 하거나 글로 쓰거나 모두 처벌 대상이다. 물론 팔과 손바닥을 곧게 펴고 눈높이로 올리는 나치식 인사법을 사용해도 처벌받는다. 독일 형법에는 나치를 떠올리는 발언과 행동에 대해 최고 3년 이하의 징역에

처할 수 있다고 명시하고 있다.

지금 독일에서 나치와 관련된 말과 행동은 일체 하지 못한다. 독일에서 '히틀러'라는 성을 쓰는 것조차 불법이다.

자유민주주의를 지키기 위해, 자유민주주의를 파괴한 나치를 금지하고 있는 것이다.

◇◇◇

다시 포퍼에게로 돌아와 보려고 한다. 포퍼는 선善을 실현하도록 사람들을 선동하기보다는 작은 악이라도 범하지 않도록 노력하는 것이 더 바람직한 행위라고 말한다. '이단'이라든지 '반동'이라는 이름으로 자행된 악행이 얼마나 엄청난 규모의 죄악이 되는지를 바로 히틀러의 나치가 보여주고 있다는 것이다.

이한구 성균관대 철학과 교수는 포퍼의 열린사회 논의는 유럽의 다수 진보정당들, 예컨대 영국의 노동당이나 독일의 사회민주당에서 정당정책으로 채택되었음을 지적한다. 따라서 그는 포퍼의 열린사회의 이념이 우리의 남북통일론에서도 진지한 검토 대상이 될 수 있을 것이라는 점을 말하고 있다.

5장

독일인의 반응

히틀러의 집권기에, 그에 대한 독일 국민들의 반응은 어땠을까? 물론 히틀러의 측근들과 나치 당원들은 히틀러를 찬양하고 적극적으로 지지했다. 이와 관련된 대표적인 인물이 독일의 해군제독으로 항복 문서에 서명했던 칼 되니츠Karl Dönitz이다. 독일이 항복한 후, 되니츠는 그의 변호사인 오토 크란츠뷜러와 접견했다. 그는 크란츠뷜러에게 말했다.

"적어도 공습이 시작된 뒤로는 전쟁에서 이길 수 없다는 점이 명확해졌다. 그러나 전쟁을 어느 정도 모양 있게 끝내기 위해서는 위대한 정치가가 필요했다. 주위에서 유일하게 위대한 정치가로 보였던 사람이 히틀러였다."

"총통이 명령하면, 우리는 따른다.", "총통께서는 항상 옳으시다." 라는 구호가 이때 자연스럽게 제창되었다. 이러한 구호는 히틀러의 측근들도 모르는 사이에 양심을 마비시켜서, 그들이 맡은 일에 완전히 빠지도록 만들었다.

심지어 독일이 패전한 이후인 1952년의 여론조사 때, 10%의 독일인들이 히틀러가 독일 역사상 가장 위대한 정치가였다고 응답했다. 이 여론조사는 히틀러가 패전 후에도 독일인들에게 잊히지 않았음을 보여준다.

그렇다면 히틀러와 반대되는 입장에 있던 자유민주주의자, 사회민주주의자, 공산주의자들과 유대인들은 어땠을까? 이들은 수용소에 보내지거나 처형되었다.

히틀러에 대해 처음부터 끝까지 반대했던 대표적인 인물로 제2차 세계대전 이후에 큰 활약을 한 콘라트 아데나워Konrad Adenauer 전前 독일 총리를 들 수 있다. 아데나워는 1917년 43세의 나이로 쾰른시장에 취임했다. 독일 역사상 최연소 시장이었다.

◇◇◇

아데나워는 어떤 인물인가? 영국 수상 처칠은 1953년 의회에서 "아데나워야말로 비스마르크 이후 독일이 낳은 최고 지도자"라고 평가했다. 아데나워는 독일이 패전한 이후, 부흥의 길을 마련한 인물이다. 그는 1949년 74세에 독일 총리가 되어 14년간이나 집권하면서 독일을 일으키는 데 중요한 역할을 했다.

여기서 그의 개성을 살펴보는 것은 어떨까? 아데나워는 1876년 1월 5일 쾰른에서 태어났다. 아버지는 쾰른 지방법원 서기였으며, 어머니는 은행원의 딸이었다. 양친 모두 성실한 사람으로 가톨릭 신자였다. 그는 가톨릭의 신앙 속에 컸고 일생 동안 독실한 신자였다. 그는 엄격하고 검소한 가정에서 자랐다. 집안 분위기는 안정되고 사랑이 있었다. 그러나 가정 형편은 여유롭지 않았다.

아데나워는 소년 시절에 부모의 충고를 잘 받아들이는 아이였다.

그는 친구를 쉽게 사귀지 않는 부끄러움이 많은 학생이었다. 가정에서는 매일 기도를 했으며, 일요 미사에는 정례적으로 참석했다. 그의 신념과 신앙은 "살아 있는 한 일하고 오늘 죽더라도 기도한다."는 것이었다. 아데나워는 질서를 중요시하고 규칙적인 생활을 하였다. 그는 항상 아침 6시에 일어나 밤 12시 무렵에 잠을 잤다.

이런 그가 행복한 순간은 자그마한 일상에 있었다. 그는 아침 7시 무렵 해가 라인강을 비출 때, 이를 바라보며 행복을 느낀다고 하였다. 그가 한 이야기를 예로 들어본다.

> "일이 끝날 때까지는 그 일에서 주의를 돌리지 말라. 설령 바로 곁에서 대포를 쏘아댄다고 할지라도."
> "천천히 가는 사람은 안전하고 멀리 간다."

아데나워는 히틀러와 생활습관이나 인생을 보는 태도에 있어 대조적인 인물이었다.

히틀러가 정권을 잡을 무렵, 아데나워는 이에 맞섰다. 1933년 히틀러가 쾰른을 방문했을 때, 아데나워는 공항에 마중을 가지 않고 비서를 대신해서 보냈다. 그는 나치 행동 당원들이 라인강 다리에 내건 갈고리가 그려진 나치의 깃발을 강제로 철거했다. 그 대신에, 히틀러가 연설하는 공원의 연단에 나치 기를 게양하는 것을 허가했다. 아데나워는 은근하게 히틀러에게 저항했던 것이다.

1933년 무렵부터 히틀러는 총리가 임명되면서, 승승장구하기 시작했다. 그는 1934년 8월에, 총통이 되어 절대 권력자가 되었다. 히틀러의 절대 권력은 독일 국민의 지지 아래 이루어졌다. 독일인들은 매일 수천 통씩 총통관저에 존경과 감사의 편지를 보냈다. 독일 전역에서 온 아름다운 꽃들이 히틀러를 둘러쌌다. 이 무렵부터 '하일 히틀러Heil Hitler(히틀러 만세, 히틀러를 위해)'라는 인사법을 독일인 대부분이 하기 시작했다.

독일에서 '하일 히틀러'라고 하기 전에는 '그뤼스 고트Grüss Gott(신의 은총을)'라고 인사했었다. 가톨릭의 어린이들이 첫 영성체를 받으면, 개신교 신자들이 축하해주기도 했다. 그만큼 독일에 기독교가 뿌리 깊게 있었다. 그러나 이제 히틀러가 신의 자리를 차지했다.

히틀러는 가톨릭과 충돌했다. 그는 가톨릭의 청소년 단체, 노동조합, 언론기관의 활동을 방해하고 억압했다.

1936년 교황 비오 11세Papa Pio XI는 '깊은 우려와 함께'라는 제목의 공식서한을 모든 가톨릭 주교에게 보냈다. 이 서한의 핵심은 인간은 공동체에 대한 모든 억압, 방해에 대항해, 자신의 권리를 지킬 권한이 있다는 것이다. 교황의 서신은 독일 가톨릭 미사 시간에 발표되었다. 히틀러는 반격했다. 신부, 수도사, 수녀들이 금전 비리나 성적으로 문란한 자로 조작되었다. 수백 명의 성직자가 강제수용소로 보내졌다.

히틀러는 오스트리아에서 나고 자랐다. 그가 독일에서 정치적으로 성장하는 데에는 유창한 독일어가 큰 도움을 주었다. 독일어를 쓰는 나라는 세계에서 독일, 오스트리아, 스위스이다. 이들 나라는 독일어를 쓰며, 국민 대부분은 기독교(가톨릭과 개신교)를 믿는 공통점이 있다. 따라서 독일과 마찬가지로 오스트리아에서도 '그뤼스 고트Grüss Gott(신의 은총을 기원합니다)'라는 인사말을 썼다.

이런 문화적 배경과 관련하여 주목되는 인물이 오스트리아의 음악가인 요제프 하이든이다. 요제프 하이든은 악보 첫머리에 언제나 "주님의 이름으로"라고 썼고, 마칠 때에는 "주님을 찬미합니다."라고 끝을 마무리했다. 이렇게 "신의 은총을"이라는 인사말을 쓰며, 기독교가 생활화되었던 오스트리아와 독일에 히틀러라는 인간이 군림하기 시작했다.

이런 시기에 아데나워의 행동은 위험한 것이었다. 아데나워에게 험난한 길이 기다리고 있었다. 나치의 행동대원들은 히틀러에 대한 아데나워의 행동을 문제 삼았다. 그들은 아데나워의 자택에 6명의 대원을 배치시켜 감시하며, 심지어는 자택 2층에서 그를 창밖으로 내던지려는 위협을 했다.

히틀러는 그를 시장직에서 내쫓았다. 아데나워는 물리적 위험을 피하기 위해 마리아 라하라는 수도원에서 1년간의 은신생활을 했다. 수도원은 조용하고 아늑했다. 거친 외부의 상황과 생명의 위협을 피하려 들어간 수도원생활은 시장으로서의 분망한 생활과는 완연히 달랐다.

그는 이때, 독방에서 홀로 지내며, 교황 비오 11세Papa Pio XI가 저술한 『제40년에 즈음하여』, 『새로운 것에 대하여』를 정독했다. 그 영향으로 기독교 사상이 사회주의와 공산주의를 배격할 수 있다는 생각을 확고히 가지게 되었다. 또한 독일과 로마제국의 역사를 읽으며 인간이 가진 여러 가지 역사적 경험들을 목도할 수 있었다. 『마키아벨리』와 같은 정치 서적도 읽었다. 아데나워는 패전 이후, 독일의 총리가 된 뒤에 "수도원 생활이 인격과 정신 발달에 유익했다."고 회고했다.

아데나워는 히틀러가 패망할 때까지, 도피와 은둔을 해야 했다. 뒤시기인 1944년 8월에, 그는 히틀러 암살 기도에 연루된 혐의로 체포되어 강제수용소에 수감되었다가, 구사일생으로 살아났다.

◇◇◇

이와 같은 극단적인 지지자와 반대자 외의 사람들은 히틀러를 어떻게 생각하고 있었을까? 이를 독일의 저명한 인물을 통해 살펴보자.

프리드리히 마이네케Friedrich Meinecke는 독일의 유명한 역사가이자 사상가이다. 그는 히틀러를 어떻게 보았을까? 마이네케는 1930년 쾰른신문에 발표한 기고문에서, "역사적으로 공산주의와 나치는 두 개의 연자방아 맷돌처럼, 오늘날 국가와 사회를 갈아 짓이기고 있다."고 지적하였다.

그는 "나치는 모든 것을 단순화하는 무서운 사람들이며, 그들을 따른다면 우리들의 일상생활이 가련하게도 매일 아침 북소리와 함께 시작되고, 저녁이면 북소리와 함께 집으로 돌아가게 된다."라고 하였다.

1933년 1월 30일에 히틀러 내각이 성립되었다. 3월 5일에는 의회 선거에서 나치당이 과반수에 육박하는 288의석(43.7%)을 확보하게 되었다. 이때 마이네케는 다시 "초개성적이고 악마적인 힘이 우리의 조국 속에 잘못 자라고 있다. 악마적인 힘은 민족공동체를 활성화시키는 대신 민족을 파괴할 뿐이다."라고 경고하였다.

마이네케는 나치와 히틀러를 악마로 비유할 만큼 격렬한 적대감을 가지고 있었다. 이렇게 히틀러를 비판하던 마이네케의 태도가 변하고 있다. 히틀러가 권력을 공고히 하게 되면서, 마이네케는 친구인 레넬에게 다음과 같은 편지를 보냈다.

나는 다시 새로운 상황 속에서 긍정적인 점을 의식하려고 하네. 새로운 것과 결실을 맺는 것은 얼마나 큰 고통 속에서 탄생하는가. 나는 역동적인 힘이 나치 운동 속에 들어가 있다는 것을 예전엔 낮게 평가했었네. 과거의 모든 약한 정부체제들이 실패했던 제국의 문제를 오늘날 그들이 해결했네.

······ 독일 민족에게 의회주의적 민주주의는 베르사유조약의 압박 아래에서는 시기가 무르익지 않았네.

다시 1940년 6월 12일에, 마이네케는 히틀러가 프랑스를 침략했다는 소식을 들었다. 이때, 그는 아들인 라블에게 말했다.

지금 프랑스는 베르사유조약의 벌을 받고 있다. 우리 육군이 행한 업적은 완전히 놀라울 정도이다. 그런 육군을 수년 내에 창건했다는 일이 히틀러 총통의 가장 큰 업적이다.

독일의 지식인이었던 마이네케는 히틀러를 반대하다가 히틀러가 권력을 누릴 때에는 그를 찬양했다. 마이네케의 예에서 보듯이, 적지 않은 독일 국민들이 히틀러에 대해 감정의 변화를 겪었을 것이다.

한편 히틀러가 정권을 잡은 데에 독일인들의 방관이 크게 작용했다는 점을 보여주는 예가 있다. 나치에 저항한 독일 '고백교회'의 목사 마르틴 니묄러Martin Niemöller의 시는 이를 보여준다.

처음 나치가 유대인을 공격할 때
나는 유대인이 아니어서 반대하지 않았다
가톨릭을 박해할 때에는
가톨릭 신자가 아니어서 반대하지 않았다
노동조합을 탄압할 때에는
노조원이 아니어서 반대하지 않았다
그러던 어느 날
그들은 나를 잡으러 왔다
나 자신이 공격 대상이 되었을 때는

반대할 사람이 하나도 남아 있지 않았다

니묄러는 제1차 세계대전에 잠수함 함장으로 참전해 독일 최고 무공훈장을 받았다. 그는 전쟁이 끝난 후 신학을 공부해 1924년 목사가 되었다. 니묄러는 히틀러가 집권한 후, 그가 휘두르는 억압에 반대했다. 그의 저항운동에 목사 약 7,000명이 참가했지만, 나치 정권의 박해로 많은 사람들이 희생되었다. 니묄러는 1937년에 구속되어 강제수용소로 압송되었다.

그런데 소련 반체제운동가로 투옥되었던 나탄 샤란스키는 공포 사회라는 것을 알 수 있는 방법으로 '광장 테스트'를 제시했었다. 광장에서 자신의 견해를 두려움 없이 발표할 수 있다면, 자유 사회, 그렇지 않다면 공포 사회라는 것이다.

니묄러가 강제수용소로 갈 무렵, 독일의 광장에서는 누구도 히틀러와 나치를 비판할 수 없었다. 독일은 공포 사회가 되어 갔다.

니묄러가 나치에 저항한 1930년대에, 히틀러의 인기는 최고조에 달해 있었다. 이를 상징하는 대표적인 사건이 1936년 베를린에서 치러진 올림픽 대회였다. 이 대회는 더 이상 독일이 제1차 세계대전의 패전국이 아니라는 것을 선언한 행사였다.

히틀러는 공포만으로 국가를 통제한 것은 아니었다. 그는 독일 국민에게 자부심을 안겨주었고, 즐길 수 있는 기회를 제공했다. 베를린 올림픽은 이런 의도로 기획되었고 펼쳐진 대표적인 행사였다. 독일이 역동적인 새 나라가 된 것을 베를린 올림픽이 보여주었다.

니묄러가 저항할 무렵인 1930년대에 독일 경제는 계속 회복되고 있었고, 실업자 수는 100만 명 아래로 줄어들었다. 이러한 경제 회복은 세계경제가 좋아진 요인과 함께, 히틀러가 산업과 재무장에 막대한 돈을 투자했기 때문이었다.

앞 시기인 1920년대 바이마르 공화국 아래에서, 독일인들은 고용이 불안했다. 그러나 히틀러가 지배한 1933년부터 1939년까지 독일인들은 경제적인 여유를 얻었다. 크루프사의 정비공이었던 에른스트 브롬베르크Ernst Bromberg는 이렇게 말했다.

> 나는 1920년대의 혼란기에 일자리가 불안했다. 1927년부터 1932년까지, 무려 다섯 차례나 회사에서 해고되었다. 그러나 1932년 이후부터 고용이 안정되었다. 게다가 이때, 3교대 근무를 하며 수당까지 받았다.

히틀러는 대중의 인기를 얻기 위해 중요한 조치를 취했다. 1934년, 그는 폭스바겐volkswagen이라는 자동차를 만들도록 했다. 이때, 페르디난트 포르셰라는 자동차 설계자가 값싸고 대중적인 차를 만든다는 목표로 작업을 맡았다.

폭스바겐은 '국민의 차'라는 뜻이다. 모든 국민들이 이 차를 가질 수 있도록 하겠다는 것이 히틀러의 꿈이었다. 폭스바겐이 달릴 수 있도록 고속도로인 아우토반Autobahn이 건설되기 시작했다. 히틀러는 총 길이 3,600km에 이르는 아우토반 건설을 일자리를 늘릴 목적으로 만들었다. 3,600km는 어느 정도의 거리일까? 이것은 한국의 서울에서 러시아의 극동 지역에 있는 하바롭스크를 왕복하는 정도의 거리이다. 아우토반은 대규모 공사였던 것이다.

이러한 폭스바겐과 아우토반 건설이 실질적으로 독일 국민들에게 큰 도움이 된 것은 아니었다. 폭스바겐은 1938년부터 대량생산이 되었다. 그렇지만 곧이어 전쟁으로 군사용 차량을 만드는 데 생산라인을 돌리는 바람에 생산량이 많지 않았다. 아우토반 역시 일자리를 많이 만들어내지는 못했다. 작업은 더디게 진행되었고, 건설 회사들은 될 수 있으면 노동자를 적게 고용하려고 했기 때문이다. 그러나 제1차 세계대전에서 패배한 이후, 극심한 경제적인 빈곤을 겪었던 독일 국민에게 폭스바겐을 타고 아우토반을 주행할 수 있다는 선전은 상상만 해도 즐거운 것이었다.

사실 독일인들은 제1차 세계대전 이후의 궁핍을 벗어나게 해준 히틀러에게 고마움과 애정을 느끼고 있었다. 히틀러는 독일인들에게 대량실업을 해소시켜 주고, 물가를 안정시켜 주었던 것이다. 이와 함께, 독일인들은 히틀러의 연설에서 열정을 보았다. 히틀러는 팔을 흔들며 확신에 차 소리 질렀다. 독일인들은 그의 몸짓에서, 게르만 민족의 자부심을 한없이 느낄 수 있었다. 또한 독일인들은 히틀러에게서 목숨을 바칠 만한 큰 대의大義를 가슴으로 느꼈다.

1934년에 한 부인은 이런 분위기를 독일에 관광하러 온 영국인 여행객에게 설명해주려고 애를 썼다.

> "젊은 사람들은 행복합니다. 모든 것이 그들을 위해 이루어지고 있어요. 젊은이들은 정말 멋진 세상이라고 생각하지요. 그들은 총통을 숭배합니다. 그리고 깃발을 들고 행군하는 것도 좋아하지요. 스포츠와 게임도 좋아하고 말이에요. 그럼요, 젊은이들은 행복하고말고요."

실제로 독일에서는 이 시기에 변화가 있었다. 그 변화는 보통 사람들이 여행을 할 수 있게 되었다는 것이다. 이들은 나치당의 '기쁨을 통한 힘'이라는 휴식프로그램을 이용해, 발트 해안이나 알프스, 베네치아로 기차 여행을 갔다. 히틀러가 집권하기 이전에, 여행은 부유한 사람들만 할 수 있었다. 그러나 이때 와서, '기쁨을 통한 힘'을 이용해, 보통 사람인 노동자들이 고급 크루즈 여행까지도 즐길 수 있게 되었다.

나치는 이들의 지지를 얻기 위해, 이 사업에 아낌없이 예산을 썼다. 1935년에 1,700만 마르크를, 1936년에는 1,500만 마르크의 정부 예산을 지출했다. 함부르크 사람인 폰 슈뢰더는 그 시절을 이렇게 말했다.

> "모든 것이 질서정연했고 말끔해졌다. 새로 시작한다는 국가적인 해방감이 있었다."

이제 독일인들에게 히틀러는 구세주와 같았다. 이런 시기에 니묄러가 히틀러에게 저항한 것은 독실한 신앙이 있기에 가능했을 것이다.

니묄러는 성경聖經의 가르침에 따랐다. 성경에서, 예수는 언제나 보잘것없는 사람과 소외된 자에게 관심을 가지고 있었다. 그는 이들을 배려해야 한다고 했다.

나치 정권은 기독교와 상극이었다. 왜냐하면 나치 정권은 게르만 민족의 우월성을 내세우며, 유대인·러시아인·동유럽인에 대한 멸시와 증오를 주장했기 때문이다.

나치의 활동가와 지역 간부 중에는 교사가 유난히 많았다. 이들은 자연히 기독교 재단이 세운 학교에서 기독교의 영향을 없애려고 노력했다.

히틀러는 기독교에 대한 적개심이 컸다. 그는 1937년 초에, "기독교는 이제 몰락할 때가 왔다. 교회는 '국가의 우위'를 받아들여야 하며, 교회라는 '소름 끼치는 조직'에 어떤 양보도 해서는 안 된다."라고 말했다. 자연히 나치와 기독교는 충돌했다. 기독교는 이때 와서, 나치에 대해 역부족이었다.

니묄러는 강제수용소에서 8년 동안 옥고를 치르다가, 전쟁이 끝날 무렵에야 연합군에게 구출되었다.

그렇다면 여기에서 의문이 생긴다. 앞에서 보았듯이, 수용소 생활은 비위생적인 환경, 가혹한 노동과 영양 부족으로 생존자가 굉장히 적었다. 어떻게 니묄러는 8년 동안이나 이러한 수용소 생활을 견뎌 냈을까?

독일의 수용소에는 수용자 사회만의 권력 구조가 있었다. 모든 수감자들이 삼각 식별표지와 출신 민족을 알려주는 글자를 달아야 했다. 범죄자는 녹색 삼각형, 정치범은 붉은색 삼각형을 달았다. 유대인은 노란색 삼각형이나 다윗의 별을 달았다. 다윗의 별이란 노란색 삼각형 위에 색깔이 다른 두 번째 삼각형을 겹쳐 만든 것이다.

수용소의 간수와 경비원은 이들을 달리 대우했다. 독일 민족 출신 수감자들은 삼각형 안에 식별 글자가 없었다. 이들은 독일인이 아닌 사람들보다 더 나은 대우를 받았다. 예를 들어 이들은 독일 민족으로서 수용소의 직원으로 일했고, 수용소 계급구조에서 제일 위의 자리를 차지했다. 가장 아래에 있던 수감자는 유대인 수감자들로, 가혹한 대우를 받았다.

수용소의 수감자들은 노동에 비해 식량이 크게 부족했다. 식사는 하루 250g의 빵과 묽은 수프 4분의 3컵이 전부였다. 식량 부족으로 인한 영양결핍으로 많은 사람들이 죽어 나갔다.

그러나 독일 민족으로 장기 수감된 사람들은 특별한 대우를 받기도 했다. 그들은 친척이나 친구가 소포로 보낸 음식물로 영양을 보충할 수 있었다. 소포를 경비대가 가로채기도 했지만, 그 가운데 일부는 전달되었다. 이렇게 보충한 음식물이 체력과 장기간 생존에 결정적 차이를 낳았다.

6장

히틀러와 독일의 패전

1940년만 해도 독일에서 히틀러는 절대 권력자로 군림하며, 그의 한마디면 모든 것이 해결되었다. 그해에, 히틀러는 프랑스를 점령해 당당하게 에펠탑을 구경했다.

그런 히틀러가 사라졌다. 불과 5년 만인 1945년에, 히틀러는 지하 방공호에서 지냈다. 그는 연합국의 폭격으로 폐허가 된 베를린을 무력하게 바라보아야만 했다. 그의 허리는 굽어지고 눈동자는 희미해져 갔다.

독일 전역은 폭격으로 폐허가 되어 갔다. 독일인 대부분은 소중한 가족을 전쟁과 폭격으로 잃었다. 굶주림이 그들을 괴롭혔다.

후고 슈테캠퍼Hugo Stehkämper는 말한다.

> "40년이 지난 오늘도 폭격 장면이 나오는 영화는 볼 수 없다. 그런 장면을 한 번이라도 보고 나면 적어도 사흘간은 잠을 못 잔다. 그날의 기억이 아직도 생생하다. 마치 상처에다가 소금을 문지르는 것과 같다."

히틀러가 찍힌 마지막 사진

이렇게 패색이 완연해 가는데도 히틀러에게 전쟁의 책임을 묻는 독일인은 드물었다. 전쟁의 책임은 히틀러 아랫사람들에게 돌아갔다.

히틀러는 불과 몇 년 만에, 그의 제국이 자취도 없이 사라져버리고 독일인들이 처참한 상황에 몰리리라고는 상상도 할 수 없었을 것이다. 진실보다 열광을 따랐던 그는 독일 국민에게 무엇을 남겨주었을까?

약 4백만 명의 독일군이 전선에서 사망했고, 1백만 명 이상의 시민들이 폭격으로 희생되었다. 러시아 포로수용소로부터는 약 37%가 고향으로 돌아오지 못했다. 1946년 10월 적십자사에 접수된 행방불명자 신고는 8백만 건이었다. 35년이 지난 1980년에 와서도 적십자사는 그중의 3만 명이 어디에 있는지 알아내지 못했다.

독일 도시의 상황은 비참함 그 자체였다. 베를린은 연합국의 폭격으로 겨우 25%의 건물만 남아 있었다. 이 도시의 부서진 건물의 잔해를 치우는 데, 50량의 화물칸을 단 기차 10대로 매일 작업을 하면 16년이 걸릴 것으로 추산되었다. 쾰른에서는 건물 72%가 파괴되었다. 이 도시의 77만 인구 중에서 4만이 겨우 살아남았으며, 그들은 자갈 더미 속에서 생활해야만 했다. 하노버는 99%의 건물이 파괴되거나 부서졌다. 그 외의 도시들도 마찬가지였다.

특히 1941~1942년의 전쟁에서 독일군은 식량이 있는데도 수백만의 러시아군 포로들을 의도적으로 굶주려 죽였으므로, 굶어 죽은 사람이 무척 많았다. 러시아인들은 가슴속에 한을 가지고 그들의 분노를 쏟아냈다.

조지 케넌George Kennan은 러시아에 점령당한 동독 지역의 상황을 다음과 같이 서술했다.

> 이 지역에 러시아군이 들어오면서 벌어진 참사는 현대 유럽 역사에서 그 유래를 볼 수 없는 것이다. 여러 가지 정황으로 보아, 러시아군이 휩쓸고 지나간 지역 가운데는 남녀노소 할 것 없이 주민 전부가 몰살당한 곳이 적지 않다. 러시아인들은 예전 몽고군의 학살이 무색할 정도로 철저하게 인종청소를 했다.

히틀러가 인간으로 보기를 거부했던 러시아인들이 독일인들을 동물로 보았던 것이다.

히틀러가 패망할 때 가장 두려워한 것은 무엇이었을까? 그것은 자신이 러시아에 의해 동물 우리에 집어넣어져 구경거리가 되는 것이었다. 이것은 나치가 러시아를 침공했을 때의 행위 때문이었다. 이때 나치는 포로로 잡은 동양인들을 벌거숭이로 만들어, 동물 우리에 넣어 구경시켰다. 나치는 패망했다. 히틀러는 독일인들에게 처절한 비참함과 처참한 고통을 맛보게 했다. 그가 한 일은 독일인들을 뒤로한 채 자살했던 것뿐이다.

◇◇◇

독일인들이 신음하고 있었다.

모든 인간은 태어나, 살아가다, 삶을 마감한다. 살아가는 동안, 인간은 행복한 삶을 바란다. 행복하기 위해서 필요한 것에는 무엇이 있을까? 첫 번째가 정신적, 육체적 건강이다. 정신적으로 불안하고 육체적으로 병이 있다면, 삶은 불행하다. 따라서 건강은 인생의 행복에 있어 가장 기본적인 요소이다.

두 번째는 나와 가까운 부모, 자식, 배우자, 형제, 친척들과의 원만한 관계이다. 내 주위에 있는 이들과 잘 지내면, 행복감이 있다. 그렇지 못하면 불행할 것이다.

세 번째는 인생의 목표이다. 내가 살아가면서 이루어야 할 목표가 있어야 삶에 의욕을 가지게 될 것이다. 직업을 갖기 위한 노력이나 남을 돕는 봉사에서 만족을 느끼는 것이 여기에 포함된다.

네 번째는 경제적 여유가 있어야 한다. 당장 나가서 차비가 없다면 제대로 된 생활을 할 수 없을 것이다. 누구나 좋은 집과 맛있는 음식, 깨끗한 옷을 원한다. 이를 위해서는 돈이 있어야 한다.

다섯 번째는 현실에 토대를 둔 낙관적인 태도이다. 그런데 현실에 토대를 두지 않은 지나친 낙관은 오히려 좋지 않다. 그 예로 베트남전에서 포로로 잡힌 미군에 대한 예가 있다. 미래를 낙관적으로만 보고 곧 풀려날 것이라고 예상한 미군 포로들은 수용소 생활을 견뎌내지 못했던 것이다.

따라서 현실을 인정하며, 그 바탕 위에 낙관적인 태도를 가져야 한다. 낙관적인 태도란 긍정적인 생각을 말한다. 뇌 과학자인 서울대학교 서유헌 교수는 다음과 같이 말하고 있다.

> 긍정적인 생각은 신경회로를 활짝 열고, 새로운 회로를 만들기도 한다. 하지만 불만스럽고 부정적인 생각은 신경회로 간의 흐름을 방해하거나 억제한다. 즉 긍정적, 낙관적 사고는 두뇌 건강에 좋은 반면, 부정적, 비관적 사고는 뇌의 건강을 방해한다. 기분이 좋은 상태, 잘될 것 같다는 생각 등은 대뇌 세포에 신선한 자극이 되고, 뇌 신경회로를 활짝 열리게 하며, 신경전달물질의 분비도 원활하게 한다.

서유헌 교수는 신경전달물질의 중요성을 강조한다. 만약 뇌에서 신경전달물질이 제대로 나오지 않으면 뇌의 명령체계가 부분적으로 망가지고 우울증, 조울증, 정신분열증, 자폐증 같은 신경정신계 질환을 보일 수 있다고 한다. 그렇지만 낙관적 사고는 인간의 두뇌를 건강하게 하고 행복하다는 감정을 느낄 수 있게 한다는 것이다.

그렇다면 패전할 무렵에 독일인들은 행복과 관련하여 어떤 상황에 있었을까? 이 점을 앞의 항목과 관련하여 살펴본다면 어떨까?

첫째로, 독일인들은 정신적, 육체적으로 온전하지 못했다. 전쟁과 폭격의 후유증으로 정신적으로 불안하고, 육체적으로 다쳤다.

두 번째는, 나와 가까이에 있는 부모, 자식, 배우자, 형제 등이 전쟁과 폭력으로 죽거나 장애인이 되었다.

세 번째로, 독일인들은 인생의 목표가 없어졌다. 폐허 더미 속에서 그들은 아무것도 할 수 없었다.

네 번째로, 독일인들은 누더기를 입고 먹을 것도 부족했다. 이런 상황에서, 독일인들에게 낙관적인 태도가 있을 리 없었다.

총체적으로 인생의 행복을 완전히 빼앗아버린 이가 히틀러였다.

◇◇◇

독일인들은 1945년 패전된 해를 '제로Zero의 시간'이라고 부른다. 이 용어는 모든 것이 철저하게 파괴되어 완전하게 제로, 즉 0으로 된 시대를 풍자한 것이다. 완전히 절대적으로 0이었다. 심리적인 면에서 독일인들은 공포에 질렸다. 도처에 폐허와 시체가 그들 옆에 있었다. 물질적인 면에서도 독일인들은 원시 상태로 다시 돌아가 있었다.

독일은 다 끝난 것같이 보였다. 독일인들은 이제 그들의 업보를 받아야 했다. 프랑스를 점령하며 저지른 학살과 영국에 대한 폭격으로 입힌 피해, 동유럽을 점령하며 저지른 수많은 약탈과 학살의 멍에를 뒤집어써야 했다. 독일과 독일인에 대한 이미지는 '야만'이었다.

이 점은 히틀러 시대에 외국으로 망명했다가 고국으로 돌아온 독일인도 통절히 느끼고 있었다. 독일의 사상가 아도르노Theodor Wiesengrund Adorno(1903~1969)는 "아우슈비츠 이후 시를 쓰는 것은 야만적이다."라고 하였다. 이 말은 그가 1949년에 처음 했다. 아도르노는 1951년에 발표한 논문에 이 문장을 실었다.

아도르노는 아우슈비츠의 참상을 본 뒤 인간성의 말살을 보았다. '이 숨 막히는 현실 앞에서, '시'가 무슨 의미를 가지는가'라는 깊은 의문을 가졌다. 그러면서 아도르노는 이 말을 했던 것이다.

독일인은 '야만인'이 되었다. 그런 가운데, 후에 미국의 대통령이 되었던 리처드 닉슨Richard Nixon은 1947년 가을, 하원의원 위원회의 19명 중 한 사람으로 유럽을 방문했다. 그는 독일에 체류했던 동안의 체험을 다음과 같이 기술하였다.

연합군의 폭격으로 모든 도시들은 완전히 폐허화되어, 수천의 가족들이 벙커나 건물 더미 속에 살고 있었다. 식량은 절대적으로 부족하였다. 수척한 얼굴에 옷이라곤 걸친 게 없는 아이들이 구걸을 하는 게 아니라, 아버지의 전쟁 훈장을 팔거나 먹고살기 위해 무언가를 팔려 들었다.

7장

밝고 정중한 독일을 바라며

독일은 1945년 패전했다. 상황은 모든 면에서 암담했다.

이때의 독일은 어떠했을까? 첫 번째로 산업시설은 1938년과 비교해 3분의 2가 파괴되었다. 두 번째로 학교 아동의 절반 이상이 결핵을 앓고 있었다. 세 번째로 독일은 미국·영국·프랑스·러시아 등네 강대국에 점령되었다. 이후, 독일은 1949년에 서독(독일연방공화국)과 동독(독일민주공화국)으로 분단되었다.

전후 서독은 이러한 상황에 어떻게 대처했을까? 독일이 제1차 세계대전에서 패전한 후 일어날 수 있었던 근본 요인은 화학, 약품, 철강과 같은 산업시설을 발전시킬 수 있었기 때문이다. 제2차 세계대전 때에 파괴된 산업시설을 서독인들은 재건할 수 있을까? 미국 닉슨전 대통령의 저서인 『20세기를 움직인 지도자들』에서 여기에 대한해답을 찾을 수 있다.

독일의 아이들은 구걸을 하지 않았고 가장들이 없는 가운데에서도 가족을 위해 어떤 희생도 감수하는 것을 보았다. 이때, 나는 1945년 말에 아데나워가 선언한 "우리는 패했다. 그러나 우리의 정신은 살아 있다."라는 말을 상기하지 않을 수 없었다. 미국의 점령군 사령관 클레이Lucius Clay 장군 휘하의 한 간부는 우리들에게 독일인들은 국가를 부흥시킬 확고한 정신력을 갖고 있다고 하였다.

닉슨의 회고로 보아, 서독인들은 이러한 산업시설을 재건할 의지가 충분히 있었다. 위기는 기회라고 한다. 히틀러의 몰락과 함께 독일은 폐허가 되었다. 독일인들은 끝난 것처럼 보였다. 그러나 그들은 절대적인 위기 속에서 실낱같은 기회를 향해 뛰어갔다.

먼저, 패전 이후 서독 사람들의 인사말이 바뀌었다. 1945년 패전 때까지, 독일인들은 '하일 히틀러Heil Hitler(히틀러 만세)'라고 인사했었다. 이제 아무도 이런 인사를 하지 않았다. 서독에서 히틀러는 사라져갔던 것이다.

그 대신 서독인들은 '그뤼스 고트Grüss Gott(신의 은총을 기원합니다)'라는 인사말을 다시 쓰기 시작했다. 히틀러를 숭배하는 분위기가 없어졌다.

1950년대부터 서독의 경제는 8%에 가까운 경제성장을 하였다.[10] 독일 경제의 성장은 어떻게 가능했을까?

먼저, 국제정치가 독일에 기회를 주었다. 국제정치는 화해와 긴장의 곡선을 그린다. 독일 패전 이전 자유민주주의 진영(서방세계)과 독재공산주의(동방세계) 진영은 나치 독일과 일본 군국주의에 대항해 협력했다.

그러나 나치 독일과 일본 군국주의가 패망한 후, 자유민주주의[11]

---

10) 제2차 세계대전 이후 독일은 서독과 동독으로 분단되었다. 이 글에서는 편의상 서독을 독일로 호칭하고자 한다.

11) 자유민주주의自由民主主義: 자유주의와 민주주의가 결합된 정치원리 및 공화제 입헌

진영(서방세계)과 독재공산주의[12](동방세계) 진영은 긴장 관계로 들어섰다. 이때 독일은 자유민주주의 진영의 일원으로 미국의 마셜 플랜[13]에서 큰 도움을 받았다.

또한 한국전쟁이 독일 발전의 동력이 되었다. 한국전쟁은 1950년 6월 25일 북한 공산정권이 38선에서 전면적으로 남한을 무력침공 함으로써 일어났다. 한국전쟁으로 큰 기회를 잡은 나라가 일본과 독일이었다.

독일은 한국전쟁으로 어떤 이익을 얻었을까? 첫째로 외교 안보적인 면이다. 한국전쟁으로, 독일의 총리인 아데나워는 친서방 정책을 본격적으로 추진했다. 그는 독일의 발전은 서방 강대국의 '카펫'에 함께 올라타야 가능하다고 확신했다. 아데나워는 "모두를 위한 번영"을 구호로 내걸었다. 그는 미국, 영국, 프랑스와의 관계를 돈독하게 하기 위해 노력했다. 그 시도는 성공했다.

두 번째는 경제적인 면이다. 독일은 한국전쟁으로 커다란 경제적 발전을 하였다. 독일의 경제 장관이었던 에르하르트는 "독일 경제 발전에 날개를 달아준 사건이 한국전쟁"이라고 했다. 한국전쟁 기간 동

정부형태이다. 인간의 존엄성 실현을 위해 개인의 자유와 권리를 보장하며, 권력의 분립과 견제를 지향한다. 이를 보장하기 위해 헌법을 제정하며, 민주적 절차 아래 다수에 의해 선출된 대표자가 국민주권주의와 법치주의의 틀 내에서 의사결정을 하는 체제이다(출전: 위키 백과).

12) 공산주의: 마르크스와 레닌에 의하여 체계화된 프롤레타리아(노동자와 농민을 중심으로 한 재산이 없는 자) 혁명 이론에 입각한 사상. 재산의 공동 소유가 옳다고 주장하며 생산 수단의 사회화와 무계급 사회를 지향한다(출전: 표준국어대사전).

13) 마셜 플랜Marshall plan: 마셜 플랜은 서독의 경제 재건에 절대적으로 기여하였다. 미국은 제2차 세계대전 이후, 소련(러시아)의 팽창에 대항해, 유럽에 미국식 자본주의 파트너를 만들고자 노력했다. 마셜 플랜은 부유한 유럽 건설을 위해 독일이 반드시 경쟁력 있는 국가가 될 것을 목표로 했다. 미국은 독일의 경제재건을 위해, 1948년 5월부터 식료품과 구호물품을 제공하였다. 이어 1948년 10월부터는 마셜 플랜에서 제공한 차관이 산업 분야에 투자되어 독일의 경제발전에 크게 공헌했다.

안에 독일의 수출은 두 배 이상 늘었고 실업률은 크게 낮아졌다. 연평균 성장률이 이때, 10% 이상이었다. 1952년부터 '라인강의 기적'이 그 속도를 내기 시작했던 것이다.

◇◇◇

이와 함께, 독일의 경제성장을 이끈 요인은 무엇일까? 과학기술을 바탕으로 한 쟁쟁한 회사와 브랜드가 그 주인공들이다. AUDI(아우디), AEG(아에게), BASF(바스프), BMW(비엠더블유), NIVEA(니베아), SIEMENS(지멘스), mercedes-benz(메르세데스 벤츠) 등이다.

이들 기업과 브랜드는 공통점이 있다. 첫 번째로, 100여 년의 역사를 가지고 있다.

두 번째로, 특허를 많이 보유하고 있다는 점이다. 위의 회사들을 포함한 독일 전체의 특허 신청은 시사하는 점이 있다. 2012년 독일 특허청에 신청한 특허에서, 독일이 가장 많은 46,586건으로 전체의 76%였다. 그 뒤를 미국이 5,110건으로 8.3%를 차지했다. 일본이 3,676건으로, 6%로 3위였다. 한국은 1,516건으로, 2.5%이며 4위였다.[14] 이러한 사실은 독일에서 기술개발이 치열하게 이루어지고 있는가를 보여준다.

세 번째로, 이들 회사에는 독일의 특유한 교육 제도하에서 배출된 과학자와 기술자 들이 일하고 있다는 점이다. 앞에서 독일 교육과 관련하여, 마이스터를 보았다. 독일에서 마이스터 자격증을 받으려면 국가시험에 합격해야 한다. 마이스터를 홍보하는 문구가 있다.

---

14) KOTRA 국가정보, 『독일의 지식재산권』.

당신만의 경력을 쌓으십시오, 마이스터는 당신에게 신분 상승의 기회와 직장에서의 승진을 보장합니다. 독립을 원하는 모든 사람들에게 마이스터 자격증은 성공으로 향하는 확실한 지름길입니다.

독일에서 마이스터 자격증을 가진 이들은 국립 대학교의 교수와 동등한 사회적 지위를 가지며 월급을 받는다. 예를 들어 프랑크푸르트 대학교의 철학과 교수와 이 도시 제빵점의 빵을 만드는 마이스터는 같은 정도의 사회적 존경과 보수를 받는 것이다.

이것은 우리들에게 시사점을 준다. 우리들은 이렇게 국립 대학교 교수와 기술자를 동등하게 대우해주고 있는가? 사회적으로 존경받고 충족한 생활이 보장되는 직업을 사람들은 선망한다. 누가 사회적으로 무시받으며, 낮은 월급을 받는 직업을 선택하려 하겠는가? 그 속에서 발전을 기대한다는 것은 무리이다.

독일과 같이 과학자와 기술자를 우대하고 존경하는 풍토는 어디에서 나왔을까? 그것은 역사적 경험에서 비롯되었다. 18세기와 19세기에 세계는 산업혁명으로 격동하고 있었다. 독일은 이때, 칸트와 헤겔의 철학이 나왔다. 동시에, X선을 발명한 뢴트겐과 정유공업·스테로이드 화학의 기초를 마련한 발라흐가 있었다. 이와 함께 산업현장의 최상위 전문가인 기술자들이 있었다. 그러나 우리는 이때 주자 학자(유학자)들만 있었다. 뛰어난 과학자는 없었다. 이 시기에 활동한 우수한 기술자들의 이름은 전혀 알지 못한다.

독일은 연이은 패전에도 불구하고, 20세기에 계속해서 선진국으로 남아 있었다. 그 비결은 과학기술이었다. 그들은 과학을 중요시하고, 기술을 장려하였다.

20세기에 들어와 조선이 식민지가 되어 일본 군국주의의 압박하에 비참함을 겪어야 했던 이유는 바로 이 점 때문이었다. 조선은 18세기와 19세기에 과학과 기술을 중요시하고 장려하지 못했다.

조선이 망한 후 일본의 강점하에서, 한국인들은 과학기술과 멀어져 있었다. 일본 군국주의는 식민지 지배에 필요한 하급관리와 경찰, 군인 일부를 조선인들로 뽑았다. 이를 위해 문자를 해독할 수준의 교육만 시켰다. 조선인에 대한 과학과 기술 교육은 이루어지지 못했다.

그러다가 해방이 되었다. 비로소 1960년대부터 경제개발을 바탕으로 과학기술을 우선시하는 정책이 이루어졌다. 그러나 우리 과학기술은 아직 갈 길이 멀었다고 본다. 그것은 독일과 비교해보면 그러하다.

독일은 2016년 기준으로 화학, 물리, 생리학과 의학 등에서 70명가량의 학자들이 노벨상을 받았다. 이 분야에서 한국은 한 명도 없다.

이제라도 늦지 않았다. 1960년대 경제개발 이후 중점적으로 추진한 과학기술의 발전을 앞으로는 더욱 체계화해야 할 것이다. 이를 위해서 독일의 대학과 교육제도를 한국 실정에 맞게 적극적으로 도입하는 것이 필요하다. 이와 아울러 공고와 공대, 실업학교에 다니는 학생들을 존중하고, 기술자와 과학자들에 대한 대우를 최고 수준으로 해주는 사회적 합의가 필요하지 않을까?

◇◇◇

다시 이야기를 독일로 되돌아왔으면 한다. 앞에서 우리는 독일의 회사와 브랜드를 보았다. 독일 회사는 과학기술을 바탕으로 특허를 많이 가진 점에서 공통점이 있다. 이 기업들이 세계를 대상으로 판매한 제품이 독일의 경제성장을 이끌었다.

그중에서 NIVEA(니베아)를 보는 것이 어떨까? 왜냐하면 니베아는 독일 기업들이 걸어온 역정을 대표적으로 보여주기 때문이다. 니베아의 성장과 부침은 독일의 정치와 연결되어 있다.

니베아는 스킨케어, 바디케어 등을 제조, 판매하는 독일의 화장품 브랜드이다. 이 브랜드는 1882년 창립된 바이어스도르프라는 독일 회사에 의해 만들어졌다. 이 회사는 제1차 세계대전이 일어나기 전인 1911년에, 피부를 보호하는 니베아 크림을 내놓았다. 니베아 크림이 나오기 전에 판매되었던 크림은 기름 성분으로 만들어진 연고나 고약이 전부였다. 그래서 기름기 때문에 얼굴이나 손을 자주 닦아주어야 했다. 새로 나온 니베아 크림은 기름과 수분이 혼합된 제품으로 이런 수고를 덜어주어, 소비자들의 호응을 얻을 수 있었다.

제1차 세계대전(1914~1918)이 일어나기 전까지 이 크림은 멕시코, 러시아, 프랑스 등 29개국에 진출했다. 그러나 독일이 패배하면서 니베아 브랜드는 해외진출에 큰 타격을 받았다.

1925년부터 1929년 사이에, 독일은 경제적으로 부흥기를 맞았다. 독일인들의 생활양식도 크게 변했다. 독일에서 여성들의 사회활동이 증가했고, 바캉스와 같은 야외활동도 늘어났다. 1925년에, 니베아는 파란색 바탕에 흰색 글자가 새겨진 '블루 틴(Blue Tin)' 디자인을 사용하기 시작했다.

니베아는 1930년대에도 꾸준히 성장했다. 선탠로션, 면도 크림, 샴푸 등을 내놓았다. 이 제품들은 세계시장에서 높은 평가를 받았다. 1930년 바이어스도르프 회사는 세계 23개국에 생산 공장을 설립하고 판매하여 독일의 경제에 공헌하였다.

제2차 세계대전이 벌어질 무렵, 바이어스도르프 회사는 히틀러 정권에 영향을 받을 수밖에 없었다. 윌리 자콥슨 회장을 비롯한 유대계 직원들이 회사에서 쫓겨났다. 전쟁으로 함부르크에 있던 공장들이 파괴되어 큰 타격을 받았다.

제2차 세계대전이 끝난 후, 미국과 영국 등의 동맹국은 독일 업체들이 자기 나라에서 얻은 자산과 특허권, 상표권을 무효화시켰다. 그렇지만 바이어스도르프 회사는 이들 나라에서 꾸준히 특허권과 상표권을 사들이며, 판매를 늘리려 노력했다.

1940년대 말 독일의 경제 상황이 회복되기 시작했다. 이에 따라, 바이어스도르프 회사는 함부르크 지역의 공장 시설들을 재건하여 정상적으로 제품을 생산했다. 1950년대부터 니베아는 우수한 품질을 바탕으로 세계적인 브랜드가 되어 가기 시작했다. 결국 니베아라는 브랜드에서 보듯이, 독일 기업의 흥망성쇠는 정치와 연관되어 있다. 현재, 전 세계적으로 1분에 5개의 니베아 크림이 팔리고 있다. 세계 사람들이 이 제품을 쓰고 있는 것이다.

니베아뿐만이 아니라, 앞에 언급된 유명한 회사들이 독일 경제를 견인했다. 이들 기업에서 근무하는 독일인들은 안락한 생활을 보장받는다. 이들이 입는 옷과 먹는 음식, 사는 집을 만드는 사람들도 주로 독일인들이다. 이들 역시 소득이 자연스럽게 높아졌다. 더욱이 독일 기업들이 세계로 진출함에 따라, 세계의 돈이 독일로 들어오기 시작했다. 독일 정부는 국민과 기업으로부터 세금을 거두어들여, 도로·철도·통신·전력과 같은 사회간접자본에 투자하며 복지제도를 확장해갔다.

'라인강의 기적'이 왔다. 이 기적의 중심에 독일 기업이 있었던 것이다. 이런 일류기업을 가능하게 한 것은 과학자와 기술자들이었다. 여기에 독일 특유의 교육제도가 자리 잡고 있었다.

독일인 전체의 생활수준이 높아졌다. 1930년 후반에 히틀러가 전쟁을 개시한 이후, 독일인들은 가솔린, 소고기, 돼지고기, 휴지, 성냥과 같은 생활필수품을 제대로 살 수 없었다. 1960년대부터, 독일인들은 경제성장을 바탕으로, 생활필수품을 원하는 만큼 살 수 있게 되었다. 히틀러 때에는 살 수 없었던 높은 가격의 물건들도 구입할 수 있었다. 이들은 여가 시간에 취미활동을 할 수 있었다. 스위스·프랑스·네덜란드 등으로의 여행도 즐길 수 있었다. 생활수준의 향상으로 자동차의 보급이 크게 늘어났다. 폭스바겐의 '딱정벌레'차는 1960년에 약 400만 대가 보급되었다.

◇◇◇

패전 이후 두 번째로, 독일이 겪은 문제는 학교 아동의 절반 이상이 결핵이었다는 것이다. 미래의 주인공인 아이들의 절반이 결핵에 걸려 있다는 것은 심각하다. 결핵은 전염성이 강하고 사회생활을 하지 못하게 하는 질병이다. 아이들이 이렇게 결핵이 만연되어 있다면, 어른들도 마찬가지라고 보아야 된다.

패전 이후, 독일에서 광부들은 점심으로 공급받는 고기와 멀건 스프를 혼자서 먹지 않았다. 그들은 처자식에게 주기 위해 그것을 집으로 가져갔다. 독일의 당시 석탄 생산량은 전쟁 전에 비해, 같은 인원으로도 훨씬 줄어들었는데, 그 이유는 굶주림 때문이었다고 한다.

이러한 굶주림이 결핵 확산에 커다란 요인이 되었을 것이다. 따라서 패전 이후에 광부들을 비롯한 어른들에게도 결핵이 만연해 있었다고 보인다. 독일이 '라인강의 기적'을 이루기 위해서는 결핵 퇴치야말로 바로 절체절명의 과제였을 것이다. 결핵이 전염되는 사회에서 경제 기적이 이루어질 리는 만무하기 때문이다. 독일은 '라인강의 기적'을 이루어내며, 아이들과 어른들에게 만연되어 있는 결핵을 물리쳤다.

결핵과 관련하여 오늘날의 우리 사회를 살펴보자. 독일의 예에서 보듯이 결핵은 과거의 질병으로만 보기 쉽다. 그러나 2013년에, 대전·서울·대구·광주 등의 학교에서 결핵환자가 집단으로 발병했다는 보도는 결핵이 현재와 미래의 질병이라는 것을 보여주고 있다. 김희진 결핵연구원장이 한 일간지에 기고한 글을 인용해보자.

> 대한민국은 1996년 경제협력개발기구OECD 가입 후 2011년까지 34개 회원국 중 결핵 발생률·유병률·사망률·다제내성 결핵 환자 수에서 부동의 1위이다. 질병관리본부 통계에 따르면 작년에만 새로운 결핵 환자 수가 3만 9,545명이며, 결핵 사망자는 2,466명이었다. 더 큰 문제는 '다제내성 결핵'과 '광범위약제내성 결핵(슈퍼 결핵)' 같은 난치성 환자의 발생 지속과 20~40대 젊은 연령층의 높은 발병률이다.

우리나라가 경제협력개발기구OECD 회원국 중 결핵 발생률과 다제내성 결핵환자 수에서 부동의 1위라는 점은 충격적이다. 이렇게 결핵이 확산된다면, 개인과 이들이 속한 사회가 병자가 되게 된다. 당연히 미래에 대한 도전을 할 수 없다. 결핵 퇴치에 대해서는 독일의 경우를 잘 연구해 우리 사회에 적용해보는 것이 어떨까?

패전 이후 독일이 겪은 세 번째 문제는 외세에 의해 점령되었다는 사실이다. 그것도 독일은 미국·영국·프랑스·소련(러시아) 등 세계의 강대국들에게 점령되었다. 연합국은 독일을 서독과 동독으로 나누어 독립시켜 줄 것을 약속했고, 그 약속은 지켜졌다. 분할은 히틀러가 전쟁을 개시한 대가였다. 전후 서독은 미국·영국·프랑스·소련(러시아)과 신뢰 관계를 유지했다. 이를 바탕으로 서독 주도로 1990년에 통일이 이루어졌다.

이렇게 독일인들은 그들의 문제를 위기를 기회로 만드는 정신력과 결핵 퇴치를 위한 노력, 연합국과의 신뢰 관계로 해결했던 것이다.

독일은 전통적으로 세계의 문화대국이었다. 바흐와 쇼팽·베토벤의 음률에서 우리는 여전히 감동을 느낀다. 그뿐만이 아니다. 독일어는 '학문하는 언어'라고 일컬어진다. 몇백 년 전에 연구된 칸트의 철학과 헤겔의 관념론은 여전히 서점에 진열되어 있다. 과학에서도 뛰어난 학자들이 배출되었다. 상대성 이론의 아인슈타인과 로켓의 아버지 폰 브라운 등 그 이름도 즐비하다. 독일은 바른 방향으로 나아간다면, 얼마든지 모범적이고 뛰어난 나라가 될 수 있는 저력을 갖추고 있다.

패전 이후 독일은 십여 년 만에 라인강의 기적을 이끌어냈다. 이 기적의 중심에 독일의 총리를 지낸 콘라드 아데나워Konrad Adenauer가 있었다. 아데나워는 독일이 철저하게 패망한 원인을 근본적인 문제에서 찾았다. 그의 말을 들어보자.

나는 독일에 닥친 상상할 수 없는 재난이 독일인들이 신앙으로 하고 있는 그리스도의 가치관을 거부하고, 힘과 국가를 신성시하는 물질주의로 기울어진 데 따른 업보라고 확신한다.

독일이 치유되려면 히틀러 시대의 기본 가치가 완전히 바뀌어야 된다. 나는 기독교적 세계관이 물질주의적 세계관을 대신해야 하며, 이를 위해서는 국가가 중심이 아니라 개인이 중심이 되어야 한다고 본다.

인간 개개인은 직무의 도구가 아니라, 존중되어야 할 가치가 있으며 기본권은 보장되어야 한다고 나는 확신한다.

아데나워가 소속된 기독교 민주당(기독교민주연합, CDU)은 1949년의 선거에서 사회민주당과 겨루어 근소한 표 차로 승리하였다. 그는 총리가 되었다.

기독교 민주당은 가톨릭과 개신교가 연합해 세운 기독교 정당이다. CDU에서 C는 기독교Christliche를 뜻한다. 기독교 민주당은 기독교 가치를 통해 독일이 나아가야 한다는 것을 목표로 했다.

아데나워는 가톨릭 신자였지만 개신교 신자의 지지를 줄곧 받았다. 그와 미국 개신교의 세계적인 목사 빌리 그레이엄의 일화가 전해진다.

> 빌리 그레이엄 목사가 서독 총리 아데나워를 만나러 갔다. 그는 수상 집무실로 가며 근엄하고 의례적인 태도의 정치지도자를 만날 것이라는 생각을 했다. 그런데 인사를 하자마자 아데나워는 "그레이엄 목사님, 세상에서 가장 중요한 일이 무엇입니까?"라고 물었다.
>
> 그레이엄 목사가 대답을 하기 전에 아데나워가 말했다. "예수님의 부활입니다." 그 말을 한 뒤 아데나워는 "예수님이 부활하여 살아계신다고 믿기에 세상에는 희망이 있습니다. 그리스도의 부활은 역사상 가장 믿을 수 있는 사실의 하나입니다. 나는 은퇴하면 예수 그리스도의 부활에 관한 과학적인 증거를 수집하면서 여생을 보낼 작정입니다."라고 했다. 이 말을 들은 그레이엄 목사는 그의 신앙심에 놀랐다.

아데나워는 기독교의 부활을 믿는다는 점에서 그레이엄과 같았다. 미국 내에서 개신교는 상당한 영향력을 갖고 있다. 아데나워가 그레이엄과 나눈 대화는 미국 개신교 신자들에게 알려졌다.

◇◇◇

다시 총리가 된 아데나워에게 닥친 문제로 돌아가 보자. 이 무렵에 그가 풀어야 할 문제는 동독인들의 서독 망명이었다. 이때, 서독의 실업률이 너무 높았다. 그래서 서독 사람들 일부는 소련(러시아)이 서독의 경제난을 가중시키려는 의도로 동독인들의 탈출을 조장한다고 생각하기도 했다.

아데나워는 국경을 개방하여 동독으로부터 오는 난민들을 계속 받아들였다. 그는 가건물을 설치해 이들 난민을 수용했다.

히틀러 치하에서 모든 것이 파괴되었다. 서독 국민들은 주택이 있어야 했고 공장들을 다시 가동시켜야만 했다. 독일 경제는 무너졌다. 비상사태였다. 아데나워와 그의 측근들은 독일 경제를 재건해야 했다. 에디스 커들립은『인물로 읽는 세계사』에서 다음과 같이 서술하고 있다.

> 일단 독일의 경제가 완전히 붕괴되었다는 사실을 상기할 때, 진실로 독일의 운명은 아데나워와 그의 정부 각료들에게 달린 셈이었다.
>
> 그리하여 그들은 실업자와 병약자, 그리고 어린이와 노인들에 대해서는 사회주의[15] 정책을 가미했다. 그러나 전체적인 경제체제로는 자유시장경제[16]를 채택했다. 이러한 경제체제의 성공 여부는 독일 산업의 능력, 즉 상품과 화폐가 얼마나 원활하게 유통되느냐에 달렸다.
>
> 공장의 건설 없이는 경제의 재건이나 회복을 위한 어떠한 시도도 소용이 없었다, 일단 생산이 있어야 할 것이 아닌가. 그러나 서방 측 점령국들은 전시戰時 동안 탱크, 트럭, 탄약 등을 제조해왔던 대규모 산업시설들을 몰수한 채 그 소유권을 돌려주려고 하지 않았다. 따라서 모든 공장과 기계의 소유권 회복을 위해서 싸워야만 했다. ……
>
> 사태는 이렇게 전개되었다. 동독으로부터 피난 온 사람들은 수백만에 이르렀다. 그리고 그들은 하나같이 빈털터리였다. 물로 서독 내에도 주거지가

---

15) 사회주의: 인간 개개인의 의사와 자유를 최대한 보장하기보다는 사회 전체의 이익을 중시 여기는 이데올로기이다. 사회주의는 인간은 고립되어 홀로 존재할 수 있는 존재가 아니라, 사회 속에서 생활을 영위하면서 공동체를 구성하고 살아가게 되므로 사회공동체의 이익을 우선시 여기고, 따라서 개인의 자유는 제한될 수 있다는 방향을 제시한다(한림학사, 2007, 『통합논술 개념어 사전』, 청서출판).

16) 자유 시장 경제: 수요자와 공급자가 시장에서 만나 자유로운 경쟁을 통하여 경제 활동을 영위해 나가는 제도. 사유 재산제, 영리 추구, 경제 활동의 자유 보장 등을 특징으로 한다(이안태, 2007, 『Basic 중학생이 알아야 할 사회·과학상식』, 신원문화사).

없는 사람들이 부지기수였다. 이러한 와중에도 또한 전쟁 동안 돈을 번 사람들이 있었다.

따라서 부자들이 가진 것 하나 없는 동포들을 도와야 한다는 것이 아데나워의 주장이었다. 이에 대한 반발 또한 적지 않았다. 그럼에도 그는 결국 승리했다. 승리의 결실로 통과된 1952년의 한 법률은 부유한 사람들의 재산에 대해 50퍼센트의 중과세를 한다는 내용이었다. 그렇게 해서 모인 돈은 전쟁통에 모든 것을 잃어버린 동포들에게 재분배되었다.

아데나워는 이렇게 히틀러 시대를 청산해나갔다. 그가 집권하던 1950년대와 1960년대 초반은 냉전[17]이 지배하던 시대였다. 그는 철저한 반공주의자였다.

그렇다면 아데나워가 공산주의를 반대한 이유는 무엇일까? 이 점을 한때 독일 공산당원이었다가 전향한 아서 쾨슬러의 『한낮의 어둠』에서 살펴보자.

> 윤리학에는 서로 반대되는 두 가지 개념만 존재하네. 개인이란 신성불가침한 존재여서 수학 공식이 적용될 수 없다는 게 첫 번째야. 또 다른 개념은 집단의 목표가 모든 수단을 정당화한다는 기본원칙에서 출발하지. 개인은 모든 면에서 공동체에 종속되어야 하고 그를 위해 희생되어야 하며 희생을 요구받는 거야. 즉 공동체는 개인을 실험 토끼나 희생양으로 처리할 수 있다는 얘기지.

아데나워는 "개인은 존중되어야 할 가치가 있으며 기본권은 보장되어야 한다."라고 확신했다. 그런데 공산주의는 집단의 목표를 위해

---

17) 냉전cold war: 제2차 세계대전 이후 자유민주주의 진영과 독재공산주의 진영 사이의 대립을 말한다. 냉전은 무력을 사용하지 않고 경제·외교·정보 등을 수단으로 하는 국제적인 대립이었다.

불법적인 수단이 정당화되고, 개인은 모든 면에서 공동체에 종속되고 희생을 요구받는다. 아데나워의 가치관에서 공산주의는 있을 수 없는 체제였다.

공산당이 지배하는 사회가 가지는 본질적인 문제는 무엇인가? 이병주는 『공산주의의 허상과 실상』에서 이를 설명하고 있다.

공산당에는 전위당론前衛黨論이라는 것이 있다. 다시 말하면 공산당은 노동계급의 모든 이해관계를 대변하며 노동계급의 모든 생각과 행동을 지도하는 노동계급의 전위당이란 것이다. 이 이론에 따르면 공산당은 노동계급의 모든 고민, 모든 슬픔과 모든 기대를 대변하며, 노동계급이 원하는 것이 곧 공산당이 원하는 것이고 공산당이 원하는 것이 곧 노동계급이 원하는 것으로 된다.

즉 하나는 전체를 위하여, 전체는 하나를 위하여라는 구호는 바로 이러한 데서 비롯된 것이라 할 수 있다. 공산당이 그리고 공산당을 틀어쥐고 있는 공산당 지배자인 당수가 모든 인민을 대표하니, 모든 인민은 전체로서 그 하나를 위하여 복종하라는 셈이 된다.

따라서 선거의 경우에도 공산당이 단일후보를 추천하는 것은 공산당이 국민이 원하는 후보를 정확히 알고 있어 그 희망과 기대에 딱 들어맞는 후보를 골라낼 수 있기 때문이다. 이렇게 본다면 100% 투표와 100% 찬성이 나오는 것도 너무나 자연스럽고 당연한 결과가 아닐 수 없다는 이야기가 된다.

이러한 공산국가의 주장은 완전히 독단이며 억지이다. 그렇게 공산당이 국민의 희망과 기대에 딱 들어맞는 후보를 추천할 수 있다면 처음부터 후보를 내세우고, 투표를 하고, 발표를 하는 번거로운 절차는 뭘 하려고 밟는 것인가?

공산당의 전위당론이 불합리하고 허구의 이론이라 함은 다음과 같은 데에서도 알 수 있다. 사람의 이해관계나 희로애락의 감정은 그 당사자가 제일 잘 아는 것이지 남이 더 잘 알아 당사자를 대변한다거나 당사자를 대신하여 행복의 길로 이끌어준다거나 하는 일은 있을 수 없는 일이다. …… 또 부부는 일심동체라고 한다. 그러나 아무리 일심동체인 부부라 하더라도 남편의 아픔이 바로 그대로 아내의 아픔이고 아내의 기쁨이 바로 남편의 기쁨으로는 되지 않는다. 하물며 남남의 관계에 있어서야 더 말할 필요가 없을 것이다.

그렇다면 공산당이 모든 근로자의 고민, 기쁨, 슬픔을 같이한다는 전위당 이론은 그들의 독재에 시비하지 말고 맹목적으로 복종해야 한다는 명분을 합리화하기 위한 속임수 이론에 지나지 않는다는 것을 알 수가 있다.

그런데 바로 이 허구에 찬 이론 때문에 공산체제의 전체 주민들이 자유를 박탈당하고 있다는 사실을 잊어서는 안 된다.

그것은 공산당이 노동계급, 즉 주민의 모든 것을 알아서 처리해주므로 국민은 공산당만 믿고 공산당 지시에 따르면 되지 따로 개별적인 생각이나 행동을 할 필요가 없다는 것이다.

공산국가의 헌법에도 민주주의 원칙들을 큼직하게 박아놓고 언론, 출판, 집회, 결사의 자유를 보장한다고 명백히 밝히고 있다. 그러나 그 자유란 우리가 생각하는 개인의 생각과 행동의 자유가 아니라, 위와 같이 잘 알아서 해주는 공산당을 오로지 잘 따르고 절대복종하는 완전히 변질된 자유이다.

따라서 공산국가에서는 자유와 절대복종이란 단어가 동의어同義語가 되고 있다. 공산국가에도 물론 신문, 잡지, 방송국이 있다. 그러나 모두가 공산당의 수족으로 주민들을 그들의 의도대로 이끌고 지배하기 위한 수단이지, 주민의 자유, 언론을 보장해주는 수단이 아니다. 심지어 소책자 한 권을 만들어내려고 해도 모든 물자가 공산당에 의해 통제되고 있으므로 종이와 인쇄소가 없어서 출판을 못 한다.

한편 공산국가에도 사회단체 조직들이 있어서 군중집회도 하고 성명서도 발표하고 회의도 한다. 그러나 이들도 철저하게 당의 조직, 지도, 통제 속에 움직이고 있다.

근로자는 전국에 하나밖에 없는 직업동맹에, 농민은 농민동맹에, 여성은 여성동맹에, 청년은 청년동맹에, 소년은 소년동맹에 의무적으로 가입하지 않으면 안 되도록 조직하고 있다.

내가 들고 싶다고 해서 등산회, 바둑회, 조기축구회, 꽃꽂이회, 음악감상회, 종교조직, 동창회, 향우회 등에 들 수 없고 또 그런 단체란 있지도 아니하다.

공산국가의 단체들이란 공산당을 열렬히 지지하고 그 지지를 받들기 위해 있는 단체들이지 자유로운 목적과 행동을 가질 수 있는 단체들이 아니다.

정당도 그렇다. 원래가 공산국가는 공산당 하나만의 정당밖에 존립이 허용되지 않는다.

그러나 민주국가처럼 보이기 위해 몇 개의 들러리 정당[우당友黨이라고도 함]을 만들어 간판만 내걸게 하고 말을 잘 듣는 사람을 뽑아 대표에 갖다앉힌다. 이러한 들러리 정당은 무슨 성명을 내거나 경축식전의 자리를 메우는 데 장식물로 쓰일 뿐이다.

이와 같이 공산당이 절대적인 권한을 갖고 독재를 실시하며 주민들의 자유를 탄압하는 데 전위당론이라는 억지 주장이 활용되고 있다.

그런데 북한의 경우에는 전체 주민을 대표하는 공산당은 노동당이며 노동당은 곧 김일성이다. 다시 말하면 김일성이 원하는 바가 당이 원하는 바며 북한 전체 주민이 원하는 것이 된다. 김일성의 생각이 또한 당과 전체 주민의 생각이라는 것이다.

따라서 그들이 「수령이 생각하는 대로 생각하며, 말하며, 행동한다」느니 또는 「수령의 명령 없이는 죽을 권리도, 살 권리도 없다」고 선전하고 있는 것도 어떻게 보면 그들의 논리에서는 그야말로 지당한 이야기인지도 모른다.

만약 우리의 자유 대한에 어떤 당이나 우상화된 개인이 있어 모든 생각과 생활을 지배하며 조종하고 있다고 가정한다면 그것은 생각만 해도 몸서리칠 끔찍한 일이 아닐 수 없을 것이다.

위의 글에서 보듯이, 공산당은 노동계급을 위한다고 주장한다. 그 실제가 무엇인지를 보여주는 사건이 일어났다. 1953년에 일어난 동독 노동자(시민) 항쟁이 그것이다. 이 항쟁은 동독 공산당(사회주의통일당)이 건설 노동자의 노르마(공산국가에서 노동자에게 부과하는 작업 기준량)를 인상하자 이에 반대하여 일어난 파업이 반정부 운동으로까지 확대된 것이다.

이 항쟁은 1953년 9월의 서독 총선거를 앞두고 전 세계에 파문을 일으켰다. 사태가 일어나기 6일 전인 6월 11일 동독 정부는 독일 통일의 길을 트기 위하여 종래의 강압적인 공산주의화 정책을 완화하는 새로운 조치를 발표했다. 그러나 소련군의 점령과 동독 공산당 (사회주의통일당)의 지배에 불만을 품고 있던 동베를린 노동자(시민)들은 6월 17일 봉기하여 동독 공산당(사회주의통일당) 본부와 기타 기관을 습격하였다. 이 의거는 동베를린뿐만 아니라 동독 전역으로 파급되었으나 소련군 전차 부대의 출동으로 진압되었다.

동독 공산당은 계엄령을 선포하고 소련군 2만 5,000명, 그리고 탱크 300대를 동원해서야 겨우 동독 시민들의 봉기를 진압할 수 있었다. 이 항쟁으로, 공산주의가 가진 허구성을 서독 시민들과 아데나워는 똑똑하게 경험할 수 있었다. 아데나워는 이때 동독에서도 자유 선거가 이루어져야 하며, 결국 독일이 재통일되어야 한다는 점을 분명히 했다.

아데나워는 나치에 저항하고, 공산주의에 반대했다. 나치는 극우로, 공산주의는 극좌로 분류된다. 그러나 이 둘은 모두 서구 문명의 기초를 이루었던 자유주의와 개인주의에 반대된다는 점에서 공통점을 갖고 있다. 나치와 공산주의는 전체주의 계획경제를 통해 그들의 목표를 달성하고자 했던 것이다.

그렇다면 이 두 가지 이념의 문제는 무엇일까? 프리드리히 A. 하이에크는『노예의 길』에서 이를 자세히 설명하고 있다. 다음은 하이에크의『노예의 길』을 번역한 김이석의 글이다.

하이에크는 나치와 공산주의는 모두 우리를 같은 유형의 경제적 파탄과 노예의 길로 이끈다고 경종을 울린다. …… 하이에크는 시장市場이란 인지적 한계를 지닌 개인들이 경쟁과정을 통해 서로의 지식을 활용하는 동시에 어떤 생산방식이 저렴한지, 소비자들이 어떤 제품을 얼마나 필요로 하는지를 발견하는 끊임없는 발견과정임을 우리에게 갈파한 것으로 유명하다. 이런 지식의 한계를 극복하는 의사소통 과정으로서의 시장 기능에 더해 이 책에서 하이에크는 시장은 다양한 서로 다른 가치체계를 가진 개인들이 평화롭게 상호작용할 수 있다는 것을 알려준다. 중앙집권적 경제계획은 개인들에게 하나의 가치체계를 강요해, 경제 전체를 하나의 조직처럼 만드는 것을 의미한다. 그렇게 되면 개인은 이 계획이 실현하는 도구와 단순한 숫자에 불과하게 된다는 것이다.

공산주의가 실현된 국가에서는 모두 집단주의의 비효율성이 문제가 되었다. 구소련과 중국이 그러하다. 밀턴 프리드먼은 『노예의 길』 출간 50주년 기념판 서문에서 이에 대해 다음과 같이 이야기하고 있다.

정부는 기업들을 관리할 능력이 없으며, 자원을 조직하여 성취하겠다고 선언했던 목적들을 합리적 비용으로 달성할 능력도 없다는 것이 판명되었다. 관료주의의 혼란과 비효율성으로 엉망진창이 되었던 것이다. 이렇게 되자 중앙집권적 정부가 정부 프로그램들을 관리할 때 보여줄 것으로 기대한 효율성에 대한 환상이 광범하게 깨지기 시작하였다.

이와 관련된 예화가 있다. 하이에크의 사상을 중국공산당 총서기였던 등소평이 활용했던 것이다. 자유경제원 부원장 최승노의 칼럼을 보자.

등소평은 하이에크를 초청해 수천만 명이 굶어 죽은 사회주의 시스템을 어떻게 고쳐야 할지 경청했다. 하이에크가 내놓은 경제발전을 위한 처방은 간단하고 분명했다. 재산권 보호와 거래의 자유였다. 바로 정부가 소유했던 농지를 사유화하고 경작물의 사유화와 거래를 인정하는 것이다. 이를 받아들인 중국은 3년 만에 식량 자급을 달성하게 된다. 국가가 해준 것은 민간

이 알아서 먹고살라고 내버려 두고, 자기가 수확한 것은 자신이 갖도록 해준 것이 전부였다. 정부가 나서지 않고 내버려 둔 것이 기아機餓 해결의 열쇠였다.

우리나라와 북한은 과거 비슷한 경제 수준에 있었다. 오히려 북한에는 일본 제국주의가 남긴 산업시설이 많았다. 하지만 67년이 지난 지금 대한민국은 산업화에 성공한 민주국가로, 북한은 최악의 전체주의국가로 변했다. 그 차이는 근본적으로 자유주의를 받아들이는가에서 나왔다. 북한을 전체주의로부터 해방시키기 위한 처방을 하이에크는 이미 수십 년 전에 내놓은 것이다.

등소평은 중국공산당의 최고지도자였다. 그런데도 그는 하이에크의 재산권 보호와 거래의 자유를 받아들였다. 그 이유는 무엇일까?

모택동은 장개석이 이끌던 국민당을 대만으로 밀어내고 중공(중국)을 건국하였다(1949). 모택동은 대약진 운동을 일으켰다. 이때 인민공사를 설립했다. 이와 관련된 대구대 무역학과 교수 전용덕의 글을 보자.

인민공사란 토지를 국유화하여 농민의 집단농장 생활을 통해 농산물의 생산을 크게 늘린다는 것이다. …… 거의 대부분의 농민을 집단농장에 거주하게 만들었던 인민공사 제도는 곡물 생산의 대대적인 감소라는 결과로 나타났다. 왜 그렇게 되었는가. 집단농장 제도는 열심히 일하지 않아도 배급을 주기 때문에 열심히 일할 인센티브가 전혀 없었다. 이때 자연재해도 가세했다. 그러면 농업 생산이 얼마나 부진했는가. 1958년 이후 약 2~4천만 명이 굶어 죽었다. 이때 사망자의 평균 연령은 1959년에 17.6세, 1963년에 9.7세였다.

굶어 죽은 사람들의 평균 연령이 10대 전후이다. 어린이들과 청소년들이 인민공사 제도로 큰 피해를 보았다. 등소평은 모택동이 벌인 인민공사 제도로 인한 비극을 지켜보았다. 이것이 그로 하여금 하이에크의 제안을 받아들이도록 했던 것이다.

라인강의 기적을 이루어나간 아데나워는 독일의 기반을 자유시장 경제에 두었다. 그리하여 아데나워는 미국·영국·프랑스 등 자유시장경제에 토대를 둔 자유민주주의 국가와의 관계를 돈독히 하는 데 힘을 기울였다.

아데나워는 이를 위해 자유민주주의 국가의 지도자들과 인간적인 유대와 신뢰 관계를 쌓고자 했다.

미국의 대통령을 지낸 리처드 닉슨Richard Nixon과의 우정에서 이런 노력을 알 수 있다. 닉슨은 자신이 부통령으로 재임하던 1959년 무렵의 일을 『20세기를 움직인 지도자들』에서 다음과 같이 말하고 있다.

> 어릴 때부터 아데나워는 꽃을 가꾸는 데 큰 재미를 느꼈다. …… 후에 나치 치하에서 겪은 고통이나 수상이라는 격무에서 잠시 벗어날 수 있게 해준 것은 장미 정원에서 꽃들과 시간을 같이 보낼 수 있었기 때문이었다.
>
> …… 외교적 의전 절차에 의해 나의 아내는 백악관과 다른 외교 행사에서 그의 파트너 역할을 여러 번 한 덕분에 총리를 잘 알게 되었다.
>
> …… 아내와의 대화에서 나의 집사람도 꽃에 대해 취미가 있음을 총리는 알게 되었다. 장례식 다음 날 우리 집에 왔을 때 그는 우리의 자그마한 정원을 보여달라고 했다.
>
> 수 주일 후 장미 묘목 1백 그루가 서독에서 공수되어 왔다.
>
> 다음 해 봄 그는 일곱 번째로 미국을 방문해서 나를 만나자고 연락을 했다. 그래서 어느 날 저녁 6시에 집에서 만나기로 약속하였다. 약속 시간 15분 전에 총리의 리무진이 우리 집 앞에 도착하였다.
>
> 놀란 아내가 문을 열자마자 아데나워는 장미가 지난겨울을 잘 났는지, 또 어떻게 자라고 있는지를 보기 위해 일찍이 왔다고 하였다.
>
> 여섯 시 정각에 내가 도착했다. 그때 나는 총리가 놀랍게도 우리 집 뒤에

있는 마당에 서서 장미꽃에 관해 집사람과 진지하게 이야기를 나누고 있는 것을 보았다.

나의 아내는 후에, 이렇게 말했다. "그때 아데나워 총리의 꽃에 대한 진지한 태도는 잠시 후 저녁 식사 때 당신과 나눈 국제 문제에 대한 토론 때와 조금도 다름이 없었어요."

아데나워가 닉슨 집을 방문할 때, 많은 기자들이 따라왔다. 여성 칼럼니스트인 몽고메리Ruth Montgomery는 "닉슨이 백악관의 주인이 된 다면, 아데나워 총리는 큰 유대 관계를 미국에 가지게 될 것이다."라고 썼다.

국가와 국가 간의 관계는 두 나라 지도자들 사이의 관계에 좌우될 수도 있다. 닉슨은 집에 있는 장미를 바라볼 때마다 아데나워를 떠올리며, 서독에 대한 우호적인 생각을 했을 것이다.

◇◇◇

아데나워의 이상이란 무엇일까? 여기에서 닉슨은 다음과 같이 말한다.

그의 이상이란 소련(러시아)이라는 공동의 적을 두고 국가들 사이에 단결을 달성하는 것이요, 자유를 수호하고 번영을 추구하기 위한 독일 사회의 단결을 이룩하는 일이었다. 유럽에서는 국가 간의 상호 증오가 불러일으킨 대전란을 재현하지 않기 위해 9세기 초 유럽이 잠시 체험하였던 통일시대를 되찾는 일이었다.

또한 국내적으로는 민족주의를 유럽주의로 대치하고, 좌우익 어느 쪽의 독재도 불가능하게 하기 위해 사회의 어떤 특정 그룹도 개인의 자유를 질식시킬 수 있을 정도의 힘을 갖지 못하게 하는 것이 그의 궁극적 꿈이었다.

아데나워의 꿈은 실현되었다. 그가 총리로 재임하는 동안, 독일에 자유민주주의가 구현되기 시작했다. 지금 독일은 자유민주주의가 뿌리내렸다. 경제적인 번영도 구가하고 있다. 여기에 히틀러 시대의 망령을 극복하고 일어선 독일인들의 지혜가 있었던 것이다. 이제, 독일인들은 자신의 가족을 태우고 여행을 하며, 독일의 동요와 민요를 같이 부를 수 있었다.

깊은 산속 옹달샘 누가 와서 먹나요
맑고 맑은 옹달샘 누가 와서 먹나요 (…)   - "옹달샘"

소나무야 소나무야 언제나 푸른 네 빛
쓸쓸한 가을날이나 눈보라 치는 날에도
소나무야 소나무야 언제나 푸른 네 빛   - "소나무"

이 몸이 새라면 이 몸이 새라면 날아가리
저 건너 보이는 저 건너 보이는 작은 섬까지   - "이 몸이 새라면"

노래는 즐겁다 산길을 건너면
나무들이 울창한 이 산에
노래는 즐겁다 산길을 건너면
나무들이 울창한 이 산에
가고 갈수록 산새들이 즐거이 노래해
햇빛은 나뭇잎 새로 반짝이며
우리들의 노래는 즐겁다   - "노래는 즐겁다"

저 별은 나의 별 저 별은 너의 별

별빛에 물들은 밤같이

저 별은 나의 별 저 별은 너의 별

아침 이슬 내릴 때까지   - "두 개의 작은 별"

이들이 부른 독일 노래는 히틀러 시대의 노래와 너무나 달랐다. 히틀러가 집권한 시기에 불렸던 "나치당 노래"는 히틀러를 찬양하며 호전성을 부추겼다. 독일의 동요와 민요는 순박하고 평화롭다.

물론 참혹한 전쟁의 상처가 독일인에게 남아 있었다. 독일인은 더 이상 이런 일을 겪지 않기 위해, 어린이 교육에 주목했다. 어릴 때의 교육을 통해, 나와 다른 남과 평화롭게 살기 위한 방법과 가치를 가르치기 시작한 것이다. 이와 관련하여, 박임순 어린이 교육 전문가의 글을 보자.

독일 어린이 교육에는 '불문율'과 '인생의 황금률'이 있다. 먼저 '불문율'은 친구들과 사이좋게 노는 '사회성'을 배우기 위해 폭력을 철저히 배제한다는 것이다. 유치원에서 세 명의 어린이들이 함께 게임을 하거나 재미있게 놀고 있을 때 다른 아이가 끼어들면 선생님이 제지할 정도이다. 어린이끼리 다툴 우려가 있기 때문이다. ……

그리고 유치원에서 어릴 때부터 철저하게 배우는 '인생의 황금률'은 이런 것들이다.

'네가 원하지 않은 일을 친구에게도 강요하지 마라.' '네가 연 것은 네가 닫아야 한다.' '네가 자물쇠를 열었으면 네가 채워라.'

악명 높은 나치즘을 경험한 독일은 무엇보다도 인간으로서 가져야 할 가장 기본적인 예의, 즉 '자립심'과 '책임감'을 우선으로 가르치고 있다.

나치하에서 만연한 풍조는 나와 생각이 다른 인간이나, 자신과 다른 인종을 배타적으로 보고 폭력을 행사한 것이었다. 이를 교훈 삼아, 패전 이후 독일인들은 아주 구체적으로 어린이들에 대한 교육을 하고 있다. 폭력을 철저히 배제하기 위해, 세 명의 어린이들이 함께 놀게 하고, 다른 아이가 끼어들지 못하게 한다는 것이 그 예이다.

어릴 때부터 철저하게 배우는 '인생의 황금률'인 '네가 원하지 않은 일을 친구에게도 강요하지 마라.'는 가르침 역시 구체적이다. 개인이 전체를 통해서만 존재가치를 갖는다는 전체주의는 개인의 자기 의견을 부정하고 희생을 강요한다. 이를 배격하는 데에, 이 인생의 황금률은 어느 것보다 효과적이다. 이러한 어린이에 대한 교육은 의미심장하다. 이들이 어른이 되어 사회의 주체가 된다고 할 때, 그 사회는 분명히 이런 분위기에서 유지될 것이므로.

히틀러 시대의 가치가 바뀌고 자유민주주의가 도래했다. 이와 함께 독일인들은 경제적으로 안정되기 시작했다. 자연히 심금을 울리는 독일 동요와 민요가 불렸던 것이다. 이에 따라 독인인들의 마음도 순화되어 갔다. 참혹한 살육으로 야만의 이미지를 가졌던 독일이 변해갔다.

이웃한 프랑스 사람들이 놀랐다. 프랑스는 독일의 침입으로 큰 피해를 겼었다. 앞에서 보았듯이, 나치 독일은 오라두르쉬르글란이라는 프랑스의 마을을 완전히 폐허로 만들어놓았다. 그런 독일인들이 프랑스를 여행하며, 평화롭고 소박한 모습을 보였던 것이다.

여행하는 독일인의 모습은 프랑스인들에게 이들에 대한 이미지를 변화시키도록 만들었다. 이것은 놀라운 일이다. 1945년 독일인은 자갈밭에서 누더기를 입고 있었다. 그들이 덮어쓴 것은 폭력과 야만이었다.

1970년대에 독일인은 폭스바겐을 타며 평화로운 여행을 할 수 있게 되었다. 독일은 상업과 공업의 성장으로 경제가 비약적으로 발전했다. 이를 바탕으로 자유민주주의를 정착시켜 나갔다. 독일인은 총체적인 위기를 오히려 기회로 만들었던 것이다.

독일을 총체적인 위기로 만든 히틀러는 독일 역사와 독일인에게 부정적인 결과만을 가져왔는가? 그렇지는 않다고 본다. 히틀러는 태풍이었다. 태풍이 바다에 불면 모든 것을 쓸어버린다. 태풍이 잦아들면, 온갖 더러운 물질이 심연에 가라앉고 청정해진다. 그는 태풍이었다. 히틀러는 독일이라는 바다를 완전히 휘저어 놓았다.

독일은 역사적으로 밝고 정중한 면과 어둡고 폭력적인 면이 공존했다. 독일의 밝고 정중한 문화는 우리 모두를 감동시키는 슈트라우스의 교향곡과 슈만의 낭만적인 노래에서 잘 알 수 있다.

히틀러의 모국인 오스트리아의 작곡가 요제프 하이든의 '고뇌의 때를 위한 미사'는 눈물이 날 만큼 아름다우면서 장중한 곡이다. 예수가 붙잡히는 순간부터 십자가에 못 박힐 때까지의 사건을 다룬 바흐의 '수난곡'은 서양 합창음악의 백미白眉로 꼽힌다.

문학에서도 괴테의 『젊은 베르테르의 슬픔』·『파우스트』는 걸작으로 일컬어진다. 실러의 『빌헤름 텔』·『군도』 역시 오늘날 연극 무대의 단골 극이기도 하다.

이와 함께 독일에는 어두우면서 폭력적인 요소 역시 작용하고 있었다. 고대에 게르만족의 로마제국에 대한 약탈과 학살, 그리고 히틀러와 나치가 외친 독일이 최고라는 오만함이 그것이다. 히틀러는 독일이 가진 어두운 요소를 거리낌 없이 보여주었다. 강제수용소에서 비참하게 죽어간 유대인 할머니와 아이들, 폴란드인이라는 이유만으로 학살된 사람들은 이런 점을 보여준다. 히틀러는 그 자신이 태풍이 되어 독일의 밝고 어두운 면을 완전히 뒤집어 놓았다. 히틀러가 패망하자, 그가 가지고 있던 독일의 어두운 면이 먼 심연 속으로 가라앉아 버렸다.

독일의 밝은 요소가 드러났다. 경제적인 성취와 인간성의 존중이 굳건하게 이루어졌다. 우리가 살아가는 순간은 한 번밖에 없다. 그것을 새긴다면, 순간순간은 소중하다. 독일인은 패전 이후, 이 순간들을 어떻게 보냈을까?

독일인은 자신이 저지른 만행을 반성했다. 이들의 반성이 얼마나 철저했는지는 독일 TV에 방영되는 영화로도 알 수 있다. 우리나라의 KBS와 같은 ARD・DF와 같은 공영방송은 독일군이 나쁜 적으로 나오는 할리우드 전쟁영화를 주말에 자주 보여주는 것이다.

이에 관해, 김정운 교수의 이야기를 들어보자.

할리우드 전쟁영화란 미군이 반드시 '좋은 사람'이고, 독일군은 무조건 '나쁜 놈'으로 나오는 영화를 말한다. …… 제2차 세계대전 당시 독일군이란 자신들의 아버지다. 아무리 나치 시대 일이라도 자신들의 아버지가 나쁜 놈으로 나오고, 온갖 흉악한 짓을 저질렀다가 잘생기고 용감한 미군 총에 집단적으로 살해당하는 영화를 주말마다 아무렇지도 않은 듯 보여주는 것이 과연 가능한 일일까? 독일 친구들에게 수없이 물어보고 내가 내린 결론은 이렇다. 그들은 나치 시대의 독일을 자신들의 독일로 여기지 않는다는 거다. 히틀러의 나치는 악령에 홀린, 광기의 시대였다. 그 광기에 대한 역사적 책임을 통감하고 무한 책임을 지겠다는 것은 독일 사회의 일관된 자세다. 그러니 나치 시대의 악령과 어떠한 심리적 동일시同一視도 허용하지 않는다. 할리우드 영화에 나오는 그 끔찍한 독일 군인들과 자신들은 아무 상관이 없다. 그렇기 때문에 영화 주인공인 미군 관점으로 영화를 볼 수 있는 것이다. 히틀러의 나치 시대와 심리적 단절에 성공했다는 이야기다. 지식인들의 역사 담론에서부터 일상에서 경험하는 TV 드라마에 이르기까지 홀로코스트라는 집단기억을 철저하게 반복했기에 가능했다. 이는 그리 간단한 일이 아니다. 엄청난 심리적 고통을 감수해야 했다. 끊임없이 자기 연민의 '희생자 놀이'에 몰두하는 일본과 비교해보면 독일 사회의 나치 시대 극복이 얼마나 고통스러웠을까는 충분히 예상할 수 있다.

구체적으로 독일은 어떻게 반성을 하고 있을까? 독일인들이 반성하는 근본 이유는 무엇인가? 인남식 국립외교원 교수의 이야기를 들어보자.

나치 패망 후 가해자 독일은 적극적 반성과 배상에 나섰다. 1952년 룩셈부르크 협정에 의거해 2012년까지 60년간 약 700억 유로(약 92조 6,500억 원)를 이스라엘 정부와 개인에게 배상금으로 지급했다. 이후 협정 개정을 통해 홀로코스트 피해자 연금 지급을 확대했다. '과거사 직시하기' 프로젝트도 열심이다.

독일 지도자들은 사죄와 반성의 메시지를 계속 내놓고 있다. 때론 이스라엘과 정치적 마찰도 있고, 독일 내부에도 극우주의자들이 없는 것은 아니다. 하지만 다수의 독일 국민은 겸손하게 역사를 성찰해가고 있다. 사과를 껄끄러워하지 않는다. ……

독일이 막대한 물적 배상을 감수함은 물론 홀로코스트 추모일을 직접 제정하고 지키는 이유는 무엇일까? '기억'을 위해서다. 불편한 역사를 어물쩍 넘길 경우 다음 세대가 같은 실수를 반복할지 모른다는 공포감 때문이기도 하다. 피해자 유대인들보다 가해자인 독일인들이 더 절박하게 역사를 기억해야 하는 이유다.

독일인이 누구인가? 위대한 철학자 칸트와 헤겔, 종교개혁의 선봉 루터의 후예 아닌가? 아름다운 바이마르 헌법의 주역들 아니던가? 그러나 순식간에 무너졌다. 나치의 선동에 넘어가는 순간, 집단학살의 공범이 되고 말았다. 역사 망각은 자칫 파멸을 부를 수 있다. 비단 독일만의 이야기가 아니다. 누구든 예외가 아니다. …….

독일과 대조적인 모습을 보이는 나라가 있다. 일본이다. 일본은 1945년 패전 때까지 수만 명의 한국인 여자들을 속이거나 끌고 가, 성노예로 삼았다. 1930년대에는 일본군이 20만 명에 달하는 중국인들을 남경에서 잔인하게 죽였다.

2014년 1월 13일 뉴욕타임스는 "아베 총리의 주요 관심은 한국 '위안부' 이슈가 교과서에서 삭제되기를 원하고 남경에서 일본군이 저지른 대량학살도 축소 기록하고 싶어 한다."고 지적하였다. 더욱 우려스러운 점은, 일본의 일반인들이 이러한 과거사에 알고 있지도 못하며, 무관심한 것이다.

최근 일본의 흐름이 우려스럽다. 영국 BBC 방송은 2015년 8월에, 일본에서 일본의 만행을 부정하는 역사 수정주의적 시각이 주류로 점차 부상하고 있으며, 특히 전쟁 당시 일본군의 위안부 강제 동원을 부정하는 목소리가 커지고 있다고 보도했다.

BBC는 2014년 도쿄 도지사 선거에서 선전한 극우인사 다모가미 도시오 전 자위대 항공 막료 장(공군참모총장)이 그 대표적인 예라고 소개했다. 그는 다음과 같이 말하고 있다.

일본은 한국 등 아시아 국가를 침략한 것이 아니다. 오히려 이들 나라를 서양 제국주의의 억압에서 해방시켰다. 패전국인 일본은 승전국의 시각에서 본 역사를 강요당했다. 진짜 일본 역사를 회복해야 한다.

난징 대학살은 목격자 증언이 없는 조작된 사건이었다. 그리고 한국 여성의 위안부 강제 동원은 없었다. 그것은 또 다른 날조다. 위안부 강제 동원이 사실이라면 그 많은 한국 여성을 끌고 가는 데 필요한 군인은 대체 얼마나 필요했다는 것인가. 한국 남성은 그런 것을 그냥 구경만 하는 겁쟁이인가.

BBC는 이러한 수정주의 시각이 일본 우익(민족주의자)들 사이에서 널리 받아들여지고 있다고 전했다.

다모가미는 일본 군국주의하의 시대 상황이 얼마나 가혹했는지를 모르고 있다. 그가 이때의 상황을 알았다면 이런 말을 하지 못할 것이다.

일본 강점하에서, 조선인들이 일본 관헌에 저항한다는 것은 죽음을 각오해야만 했다. 조선어를 연구한다는 것조차 큰 범죄가 될 정도였다. 1942년에 일어난 조선어학회 사건으로 함경남도 홍원 경찰서에 끌려갔던 이희승李熙昇(국어학자)의 증언을 들어보자.

지금 우리가 당하는 고문 중에서 가장 무섭고 견디기 어려운 것을 몇 가지 소개하여 보면 다음과 같다. 첫째로, 비행기태우기.

그들은 우리 동지 일행을 홍원 경찰서 구내에 있는 무덕전에 모아놓고 문초를 하였었다. …… 그런데 이 비행기를 태운다는 것은, 사람의 두 팔을 등 뒤로 젖혀서 두 손목을 한데 묶어 허리와 함께 동여놓는다. 그리고 두 팔과 등, 허리 사이로 목총을 가로질러서 꿰어놓은 다음 목총의 양 끝에 밧줄을 매어 천장에 달아놓는 것이었다.

처음에는 짚 토매(짚단) 같은 것으로 발밑에 괴어놓고, 사람을 천장에 매어 달아놓는다. 그리하여 발을 저며 디디게 한다. 이렇게 하여 놓으면 비록 발밑이 약간 괴어 있을지라도, 우리의 체중으로 인하여 등 뒤로 젖혀진 겨드랑 아래 꿰어 있는 목총이 위로 바짝 치켜지기 때문에 두 어깨는 뒤로 뒤틀려서 뻐개질 지경으로 된다. 이러한 때의 고통이야 이루 형언할 수가 없을 정도였다.

이렇게 하여도 저희들이 요구하는 대로 순순히 불지 않으면 짚 토매를 발밑에서 빼어버린다. 그러면 사람은 아주 공중에 떠서 매어 달리게 되고, 매어 달리는 중력 때문에 어깨는 으스러지는 것과 같이 고통의 도가 심하여 간다.

시간이 지나면, 지날수록 고통은 극도로 심하여져서, 나중에는 마치 십자가에 못 박힌 것 모양으로, 고개가 쳐지고, 눈이 감기며, 혀를 빼어 물게 된다. …… 세 번째는 난장질하기. 이것은 그들이 가장 많이 쓰는 방법으로서 저희들이 요구하는 대로 순순히…… 대답을 하여서 죄를 스스로 짊어지고 들어가지 않는 경우에는 주먹질 발길질은 물론 죽도나 목총이나 손에 잡히는 대로 들어서 후려갈기는 것이었다.

때로는 부서진 걸상이나 탁상의 다리라도 뽑아서 사매질을 하는 것이었다. 일례를 들면, 최현배崔鉉培 씨가 이와 같이 맞을 때에 목총이 멩겅멩겅 부러져 달아나는 것을 보았다. 이러한 고문을 그들은 흔히 육전陸戰이란 말로 표현하고 있었다. ……

그자들은 "사디즘"에 중독된 놈들인지, 남이 고통하고 기절하는 것을 보고서는 매우 재미있어하고 웃어대고, 지껄떠벌리며 야단들이었다. …….

일본의 식민통치는 이만큼 가혹했다. 이런 상황에서 조선인이 항의하는 것이 가능할까?

제2차 세계대전 패전 이후에 나타난 독일과 일본의 차이점을 잘 보여주는 책이 있다. 이안 부루마Ian Buruma의 『속죄The Wages of Guilty』이다.

부루마는 독일과 일본의 전후 대처를 비교한 『속죄』와 『아우슈비츠와 히로시마』를 쓴 일본학 연구의 세계적인 권위자이다.

1994년 출간된 『속죄』에서 부루마는 독일과 일본의 과거에 대한 태도를 비교하고 있다. 그의 책은 1990년대 중반에 쓰였으나, 여전히 유효하다. 부루마의 글을 보자.

독일은 세계대전을 두 번이나 일으킨 조국의 역사와 조상에 대해 부끄러움을 느끼도록 철저하게 역사를 교육한다. 이에 비해 일본은 전쟁의 죄를 회피할 뿐만 아니라, 전쟁의 책임을 다른 사람들에게 떠넘긴다. 그야말로 하늘과 땅의 차이다.

일본은 경제적으로는 대국이다. 그러나 정치적으로는 난쟁이다. 일본이 과거의 역사를 반성하지 않는 이유는 무엇일까?

첫째로, 일본은 사과를 수치로 여기는 문화적 배경이 있다.

두 번째로, 일본은 그들이 오히려 피해자라고 여기도록 하는 역사 교육을 하고 있다.

일본인들은 잔인한 일본의 침략과 남경대학살로 인해 원폭 투하가 이루어 졌다는 인과관계에 대한 교육을 철저히 받지 못했다.

그로 인해 일본인들은 히로시마와 나가사키에 떨어진 연합국의 원폭으로 피해를 입었다는 의식을 가지고 있는 것이다.

이에 비해, 독일에서는 역사 교육 시간에 나치에 대해 60시간의 교육을 받도록 하고 있다. 이 교육에서 국가의 정체성은 국기·노래·영웅 등으로 인식되지 않는다. 학생들은 국가에서 가장 중요한 가치는 자유민주주의 질 서에 기초한 것으로 배운다.

세 번째로, 일본은 제2차 세계대전 이후 전범에 대해 확실한 처벌이 이루어 지지 못했다. 제2차 세계대전 이후 독일은 나치 지도자들이 철저하게 처벌 받았다. 나치의 법관과 검사 등 관리 20만이 해고되었다.

그에 비해, 일본은 천황제가 그대로 유지되었다. 육군과 해군의 장군들만 숙청되고, 1945~1946년에 제거되었던 일본 군국주의하의 관리들은 미국과 소련의 냉전하에서, 미국의 전략적 고려 때문에 업무에 복귀할 수 있었다.

따라서 일본이 지금과 같은 행보를 계속한다면, 일본의 군사력은 평화헌법 과 외부세력에 의해 영원히 통제되어야 한다. 일본이 기존 태도를 바꾸어 과거를 직시해 피해국에 진정으로 사과할 때까지는 현 상태를 그대로 유지 해야만 한다.

부루마의 언급은 독일과 일본의 차이점을 잘 보여준다.

2015년 11월에 일본 자민당은 전후 연합국이 일본의 전범들을 재 판한 '도쿄전범재판'을 다시 검증하는 위원회를 설치하기로 했다. 이 것은 의미심장하다. 일본 정부는 지금까지 일본군 성노예를 외면하 고, 남경대학살을 축소하는 움직임을 보여왔다. '도쿄전범재판'에 대해 다시 검토하겠다는 것은 전후 질서에 대한 정당성의 도전인 것이다. 다른 말로 한다면, 패전 전의 일본으로 회귀할 가능성이 있다.

우려되는 것은 일본의 군사대국화이다. '스톡홀름 국제평화연구소 SIPRI'가 발간한 2012년 연감은 일본의 군사력이 강력함을 보여준다. 일본의 군사비는 593억 달러로 세계 5위권이다. 이것은 한국 국방예산의 2배 정도에 해당된다. 세계적으로는 미국, 중국, 러시아, 영국에 이어 5~6위 수준이다.

일본의 군사대국화가 무엇 때문에 심각한가? 앞 시기의 역사에 대한 잘못된 인식을 바탕으로 군사대국화가 진행되고 있기 때문이다. 이 점을 잘 보여주는 것이 야스쿠니 신사靖國神社 참배이다.

일본에서 신사는 신을 모시고 제사를 지내는 곳으로, 일본의 민족종교인 신도神道의 사찰이다. 일본의 신도는 모든 자연현상이나 인간의 활동에는 신들이 있다고 믿는다. 일본인들은 여러 신사에 찾아가, 소원을 빈다. 그래서 일본에는 기독교가 잘 전파되지 못한다. 1%도 되지 않는 인구가 기독교를 믿고 있다.

야스쿠니 신사는 무엇 때문에 문제가 되는가? 이 신사는 근대에 들어와 일본이 일으킨 크고 작은 전쟁에서 숨진 이들의 영혼을 받드는 시설이다. 야스쿠니 신사는 전쟁을 일으킨 A급 전범 14명을 포함해 246만 6,000여 명을 합사하고 있다. 특히 야스쿠니 신사는 1978년, 전시내각 총리였던 도조 히데키를 비롯한 A급 전범 14명의 위패가 합사되면서 주목받기 시작했다.

야스쿠니 신사는 일본 군국주의와 밀접하게 연관되어 있다. 이와 관련하여 갈상돈 교수의 글을 보자.

> 야스쿠니 신사와 전후 일본의 군국주의는 밀접하게 연관되어 있다. 일본에는 종교의 자유가 있는 그 어떤 나라에서도 찾아볼 수 없는 전혀 색다른 종교가 하나 더 있다. 바로 '국가교國家敎'다. 국가를 신으로 받들며 국가를 위해 죽는 것을 '생의 기쁨'으로 여기는 종교다. 그 국가교의 신, 즉 국가(=신)를 받들며 제사 지내는 곳이 바로 야스쿠니 신사다. …… 야스쿠니 신사 사무소가 발행한 '야스쿠니 신사 충혼사'는 식민지 획득과 함께, 저항운동을 탄압하기 위해 일본이 벌인 전쟁을 모두 '정의로운 전쟁'으로 규정하고 있다.

야스쿠니 신사에 대한 참배는 결국 일본이 패전한 이전의 군국주의로 돌아가겠다는 상징이다.

2013년 4월에는 아소 다로 부총리 등 4명의 현직 정부 각료와 일본의 여야 국회의원 168명이 집단으로 신사에 참배하였다. 2013년 12월에는 아베 총리가 참배했다. 일본의 국회의원들이 2017년에도 참배했다.

아베 총리는 2013년 4월 의회 연설에서 "나라를 위해 목숨을 바친 영웅들의 혼령을 기리고 참배하는 것은 우리의 당연한 권리"라고 말했다. 이에 대해, 아산정책연구원의 봉영식 선임연구원은 "야스쿠니 참배 문제는 일본이 과거의 행위에 대한 속죄를 거부하는 것을 보여 주는 증거"라고 하였다.

과거의 행위에 대한 반성은 미래의 행위로 나아가는 지침돌이 된다. 일본은 침략전쟁을 일으키며 수많은 사람들을 학살한 전범들을 나라를 위해 목숨을 바친 영웅으로 합리화하고 있다. 이렇게 되면, 전범들 아래 스러져간 수많은 한국인과 중국인, 미국인들은 어떻게 되는 것인가? 이 문제는 심각하다. 과거에 대한 반성 없이 진행되는 일본의 군사대국화는 그 화살이 먼저 어느 방향으로 나아갈 것인가? 일본은 먼저 한국 방향으로 침략할 것이다.

그것은 역사적 경험이 말해준다. 일본은 1592년에 조선을 침략했다(임진왜란). 7년간의 전란으로 국토는 황폐화되었다. 먹을 것이 없어 사람들이 서로 잡아먹을 정도였다. 한국어가 이때 와서, 거칠고 탁한 발음이 나타나며 변했다. 인심이 말을 변화시켰던 것이다. 그 뒤, 19세기 말에 침략해 온 일본은 20세기 초에 조선을 강점했다. 이때 조선인들은 강제 징용과 강제 징병, 일본군 성노예로 끌려가, 모진 학대를 받거나 죽어갔다.

이러한 두 번의 끔찍한 일본의 침략은 무엇 때문에 가능했을까? 임진왜란 때에 일본이 쓴 조총은 위력적인 무기였다. 그들은 대열을 이루어 조총을 쏘며 조선인들을 살상했다. 조선인의 활과 화살, 창은 상대가 될 수 없었다.

임진왜란을 일으킨 도요토미 히데요시는 승리에 대해 확고한 믿음이 있었다. 조총 때문이었다. 일본은 전국시대에 서양의 조총 기술을 들여왔다. 일본인들은 조총 기술에 대한 개량을 거듭했다.

일본은 조선을 침략할 때, 전 세계에서 가장 품질이 좋은 조총을 1/2이나 확보하고 있었다. 이에 비해 조선은 조총을 만드는 기술이 없었다. 조선이 전쟁의 초반에 무기력하게 무너진 이유는 조총으로 대변되는 기술 때문이었다. 다시 19세기 말과 20세기 초에 일본은 조선을 침략했다. 이때의 침략도 앞선 기술 때문에 가능했다.

일본이 조선을 침략하려 했을 때 몰고 온 운요호는 증기기관을 장착한 배였다. 이에 비해 조선의 배는 돛을 달았다. 성능에서 비교가 되지 않았다. 산업혁명을 급진적으로 받아들인 일본은 조선을 쉽게 침략해, 강점할 수 있었다.

일본은 19세기 중반 이후 서양의 과학과 기술을 받아들여 급속한 산업화를 이루어나갔다. 일본에서는 이때부터 근대적인 조선소와 제철소가 세워졌다. 조선은 이에 비해 과학과 기술 수준이 전근대적인 상태에 머물러 있었다. 19세기의 조선 위정자들은 급격하게 변화하는 세계 속에서 산업화를 이루어야 생존한다는 문제의식조차 가지지 못했다. 오로지 주자학(유학)만이 최고의 통치이념이며, 생활이념이었다. 주자학에서는 사士, 농農, 공工, 상商이라는 신분제를 인정한다. 기술에 종사하는 공은 제3신분으로 천시되었다. 사람들은 기술과 관련된 직업을 꺼리고 무시했다. 이런 상황에서 서양의 과학기술을 받아들여 흡수할 수 있는 인적인 토대가 확보될 리가 없었다. 결국 과학과 기술의 차이가 일본의 침략을 불러왔던 것이다.

현재의 한국은 임진왜란 때나, 19세기 말의 조선과 같지 않다. 이제는 그때와 상황이 다르다. 한반도가 나누어졌다고 하더라도, 한국의 국력은 상당하다. 한국은 일본과 같은 과학기술 체계를 가지고 있다. 또한 한국은 세계 10위권의 무역국이 되었다. 2007년 미국 CIA 세계 군사력 보고서는 군사력의 순위를 다음과 같이 파악하였다. 1위는 미국, 2위는 러시아, 3위는 중국이었다. 일본은 7위이며, 8위는 독일, 9위가 한국이었다. 만약 일본이 한국에 대해 침략한다면, 희생을 각오해야 할 것이다.

일본의 과거에 대한 바른 인식이야말로, 일본의 이익에도 합치되며 한국의 이익에도 부합된다. 그것은 중국과 미국의 이익에도 맞다. 왜냐하면 과거에 대한 일본의 바른 인식은 평화를 지향하도록 하기 때문이다. 그러나 일본이 과거에 대한 반성을 하지 않고 군사대국화의 길로 간다면, 동아시아에 커다란 풍랑을 만들게 될 것이다. 이런 점에서 부루마가 앞서 말한 다음의 지적은 의미심장하다.

"일본이 지금과 같은 행보를 계속한다면, 일본의 군사력은 평화헌법과 외부세력에 의해 영원히 통제되어야 한다."

일본이 독일과 달리, 과거를 합리화하는 이유는 무엇일까? 그 근본적인 요인은 천황제이다. 1990년대 이후 일본 정부는 역사교과서에서 천황에 대한 경애심을 강조하는 집필을 장려하고 있다.

일본 정부와 대다수 언론은 히로히토裕仁 일본 천황이 재위하던 시절에 이루어진 조선에 대한 식민지 지배와 수탈, 강제 징용과 강제 징병, 일본군 성노예 등과 같은 고통의 역사에 대해서 침묵하고 있다. 예외적으로 진보 성향의 아사히신문은 천황의 전쟁 책임을 인정한 적이 있다. 아사히신문은 2001년 8월 15일 사설에서 "패전 이전 일본군에 대한 모든 명령이 육·해군의 통수권자인 히로히토 천황의 이름으로 행해졌다. 히로히토 천황은 전쟁 책임을 면할 수 없다."고 하였다.

아사히신문과 같은 예는 일본 내에서 소수의 견해에 불과하다. 다수의 언론과 일본 정부는 패전 이전 천황의 행적에 대한 반성이 없는 것이다. 그 이유는 무엇일까? 일본에서 만약 이들 역사적 사실들에 대한 논의와 반성이 있어야 한다면, 그들이 숭배하는 히로히토 천황을 비판할 수밖에 없기 때문이다. 천황이 과거에 대한 반성에 걸림돌이 되는 것이다.

사실 패전 이전에 히로히토 천황은 신이었다. 패전 이전의 일본 헌법은 "천황은 현인신現人神이자 일본국의 주권자로서 나라의 모든 일을 통치한다."리고 규정하였다. 이어 "천황은 신성불가침하다."(제8조)고 하였다. 여기에서 현인신이란 사람 모습의 신을 말한다. 일본인들은 히로히토를 태양신의 자손으로 여기며, 신으로 모셨다. 1936년에는 평민들이 고개를 들어 천황을 볼 경우, 이를 처벌하는 법이 제정되었다. 일본 천황은 신성한 존재였기에, 성이 없고 이름만 있다.

패전 이후 히로히토는 자신이 인간이라는 선언을 했다. 그렇다고 하여 그의 권위가 일본에서 무너진 것은 아니다. 여전히 일본 사회에서 천황은 경외받는 존재이다. 이 점은 일본의 천황과 왕자들이 교통신호를 지키지 않는 것에서 알 수 있다. 이들은 교통신호에 구애받지 않고 자동차를 운전한다. 한때, 일본의 왕자가 교통신호를 지켰다고 하여 화제가 된 적이 있었다.

교통신호의 준수는 조그마한 일 같으나, 상식적인 일이며 중요하다. 이것을 지키지 않으면 사고가 날 수도 있다. 영국과 스웨덴의 왕족들은 교통신호를 지킨다. 일본 왕족들이 교통신호를 지켜도 화제가 되지 않을 때, 일본은 상식이 통하는 국가가 된다고 할 것이다. 그렇게 될 때, 일본은 과거의 역사를 독일과 같이 똑바로 보며, 반성할 수 있지 않을까?

◇◇◇

다시 독일의 상황으로 돌아와 보려고 한다. 독일인은 제2차 세계대전 이후에 나치에 대해, 고통스러운 반성을 했다. 그들은 어떻게 반성을 했을까? 이런 반성은 독일에서 열리는 여러 행사로 나타나고 있다. 2013년에는 히틀러의 총리 취임 80주년을 맞아, 독일에서 대대적인 '사죄의 이벤트'가 있었다.

베를린시는 2013년을 '반성의 해'로 선포하고 당시의 잘못을 되돌아보는 각종 전시, 콘서트, 컨퍼런스 등 많은 행사를 진행했다. 또한 연말까지 시내 곳곳에서 나치 시절 박해받았던 200명의 이야기를 소개하는 야외전시가 계속해서 이루어졌다.

패전 이후, 독일의 역대 총리들은 나치의 죄악에 대해 사죄를 했다. 2013년, 앙겔라 메르켈 독일 총리 역시 같은 행보를 하고 있다. 메르켈 총리는 나치 정권 탄생 전후의 기록을 담은 전시관 개관행사에서 다음과 같이 말했다.

> 나치가 독일을 지배한 것은 그들과 함께한 당시 독일의 엘리트들과 이를 묶인 사회가 있었기 때문에 가능했다. 나치 정권의 시작을 인식하고 전하는 것이 매우 중요하다. 미래를 위해, 인권과 민주주의·자유를 위협하는 위험을 사전에 예방해야 한다.

독일의 계속되는 자기반성은 어떤 의미를 가지는 것일까? 서독은 제2차 세계대전 이후 전쟁의 책임을 인정했다. 그 바탕 위에서 피해를 입은 폴란드·영국·프랑스·러시아 등 주변국에 대해, 계속해서 사죄하며 배상했다. 이것은 서독의 역사에 대한 인식 때문에 가능했다. 서독은 주변 나라들과 역사에 대한 인식으로 대립한다는 것이 국익에 도움이 되지 않는다는 것을 알았기 때문이다.

제2차 세계대전 이후, 서독의 적극적인 사죄와 배상은 주변 국가들의 서독에 대한 안보 우려를 불식시켰다. 그 성과는 놀라왔다. 1990년 서독과 동독이 통일하는 데에, 제2차 세계대전의 적대국이었던 미국·영국·프랑스·러시아가 양해하였던 것이다. 나아가 지금은 독일이 유럽연합을 이끌며, 모범적인 자유민주주의 국가로 되었다.

폭력을 행사한 나치 독일이 패전한 이후, 독일에 씌워진 것은 야만이었다. 독일이 이제는 유럽연합의 중심국이 되었다. 경제에서 라인강의 기적이 일어났다면, 정치에서 또 한 번의 기적이 나타났던 것이다.

우리가 유심히 보아야 할 것이 있다. 그것은 서독의 적극적인 반성과 배상이 통일을 이루고, 유럽연합의 중심 국가로 이르는 데에 출발점이 되었다는 점이다. 우리는 과거에 대한 역사 인식이 단순한 생각이 아니라, 현실의 정치에 영향을 주는 것을 분명히 알 수 있다.

주목되는 점은 독일이 적극적으로 과거와의 단절을 지금도 하고 있다는 것이다. 독일에서 나치하의 전범들을 추적하는 작업이 현재 행해지고 있다. 독일의 나치 범죄 수사국은 2013년, 아우슈비츠에서 경비원으로 일했던 50명의 명단을 확보하고, 이들을 법정에 세웠다. 정부 차원뿐만 아니라, 언론에서도 수시로 나치의 잔혹성에 대해 다루고 있다. 이와 함께, 나치가 저지른 야만적인 행위들을 알리는 역사적인 기록물과 장소들이 공개되어 있다.

독일이 패전한 지 이미 70여 년이 지났다. 그럼에도 독일은 여전히 나치 독일의 행위에 대해 책임을 지려는 자세를 견지하고 있다.

◇◇◇

그렇다면 독일어를 쓰는 독일·스위스·오스트리아에서는 일본 정치인들의 야스쿠니 참배를 어떻게 보고 있을까?

독일어권 언론들은 일본의 야스쿠니 신사참배를 비중 있게 다루고 있다. 독일의 슈피겔은 2013년 4월, 아소 다로 부총리 등 4명의 현직 정부 각료와 168명 정치인들의 야스쿠니 신사참배를 비중 있게 다루었다. 최근 몇 년 사이에 가장 많은 168명의 정치인들이 신사참배를 강행했으며, 이곳에는 도쿄 전범재판소에서 유죄가 인정된 14명의 전범들이 합사되어 있기 때문에, 한국과 중국 등은 이에 대해 분노하고 있다고 하였다.

스위스 언론들은 일본의 야스쿠니 참배로 한국과 일본과의 침체된 관계를 개선할 기회를 잃어버렸다고 전하였다. 오스트리아 언론들 역시 이번 신사참배가 개인적인 방문이라는 일본 정부의 입장은 모순이라고 지적하면서 후루야 케이지 국가공안위원장이 국회의원 자격으로 참여했다고 보도하였다. 또한 오스트리아 언론들은 야스쿠니 신사 근처에 일본의 게슈타포라고 불렸던 전쟁범죄자에 대한 기념 비석과 가미가제 특공대를 미화하는 박물관도 있지만, 일본군 성노예와 남경대학살 등 일본 군국주의 만행을 기억하게 하는 흔적들은 없다고 지적하였다.

패전 이후 지속적인 반성과 사죄를 해온 독일에 비해, 일본의 행보가 너무나 대조적이기에, 독일어권 언론들이 관심을 가지는 것이 아닐까. 독일의 자기반성은 단순한 사과가 아니다. 그것은 독일 자신을 위한 것이다. 메르켈 총리의 강연이 그 예이다. 2015년 3월 9일 메르켈 총리는 일본 도쿄에서 열린 강연에 참석해, 이렇게 말했다.

제2차 세계대전 후 유럽에서 화해가 진전될 수 있었던 것은 독일이 과거와 똑바로 마주했기 때문이다. 나치 시대에 다른 나라가 겪은 끔찍한 경험과 홀로코스트(유대인 대학살)에도 독일이 다시 국제 사회에 받아들여진 것은 행운이었다. 전후 유럽이 화해할 수 있었던 것은 독일을 점령한 연합국이 독일이 과거와 씨름하는 것에 대단히 큰 중요성을 부여해준 덕분이다.

메르켈 총리는 일본의 아베 총리와 가진 정상회담 이후 공동기자회견에서도 "과거사 정리는 화해의 전제이다. 독일은 과오를 정리했기에 유럽의 통합을 이룰 수 있었다."고 하였다. 숲에 들어가면, 숲이 보이지 않는다. 이런 이치로, 독일인들은 스스로의 성격에 대해 잘 모를 수 있다. 외부 사람들이 독일과 독일인들의 특징을 더 잘 파악할 수도 있다.

독일은 제1차 세계대전에 패했다. 그 이후 커다란 경제적, 사회적 혼란이 있었다. 1930년대에 들어와, 히틀러가 정권을 잡으면서 경제 부흥이 있었다. 그래서 히틀러가 제2차 세계대전을 일으키지 않았다면, 훌륭한 지도자가 되었을 것이라고 보는 사람들도 있다.

독일은 다시 히틀러가 일으킨 제2차 세계대전으로 참담해졌다. 1950년대에 라인강의 기적이 일어났다. 이 기적의 중심에, 아데나워를 거론하는 이들도 있다.

그러나 히틀러와 아데나워는 이 경제 기적에 상징적인 인물이었다. 실제로 독일의 부흥을 이끈 이들은 독일 기업과 독일인이었다. 우수한 과학자와 기술자, 세계적 수준의 독일 기업이 없었다면, 어떻게 히틀러와 아데나워의 성공을 설명할 수 있겠는가? 히틀러와 아데나워는 대조적인 길을 갔다. 독일은 전통적으로 기독교 국가였다. 히틀러는 독일이 가진 그리스도적 가치관을 배격했다. 그는 이웃 나라를 침략하며, 유대인에 대한 증오를 부추겼다. 그 결과는 부메랑으로 돌아왔다. 독일은 폐허와 잿더미로 변했다.

아데나워는 달랐다. 그는 독일이 가진 가치관을 살려냈다. 이웃 나라와의 공존을 위해 애쓰며, 유대인에 대한 사죄와 배상을 이어나갔다. 그 결과는 놀라왔다. 독일은 이제 경제적인 성취를 바탕으로 안정된 생활을 하며, 자유민주주의를 구가하는 나라가 되었다.

결국 독일은 두 가지를 보여주었다. 독일 발전에서 가장 중요한 요소는 독일 기업과 독일인이라는 점을. 그에 못지않게 중요한 사실은 올바른 방향과 비전을 제시하는 지도자라는 것을.

독일인들은 도대체 누구인가? 히틀러로 대변되는 야만성을 지닌 이들인가? 괴테로 표상되는 품격 있는 문화를 가진 사람들인가? 그들은 역사에서 이 두 가지를 보여주었다. 앞으로의 독일은 어떤 방향으로 가야 할 것인가? 독일은 심연 속으로 가라앉아 버린 과거의 추악한 요소들을 완전히 주저앉혀 버려야 할 것이다. 계속해서 밝고 정중한 독일을 위해, 끊임없이 자전거의 페달을 밟아나가기를 바라며…….

신정훈

1965년생
문학박사(중앙대학교)
초당대학교 교양학부 교수

저서
『동아시아 역사 5가지 궁금증』(2010)
『고구려 광개토왕의 정치와 외교』(2018)

모순의 인간 히틀러를 보며

Adolf Hitter

초판인쇄 2020년 12월 31일
초판발행 2020년 12월 31일

지은이 신정훈
펴낸이 채종준
펴낸곳 한국학술정보㈜
주소 경기도 파주시 회동길 230(문발동)
전화 031) 908-3181(대표)
팩스 031) 908-3189
홈페이지 http://ebook.kstudy.com
전자우편 출판사업부 publish@kstudy.com
등록 제일산-115호(2000. 6. 19)

ISBN 979-11-6603-278-3 03920